Werden der Natur
Genesis 1,1-2,3
Wunder der Schöpfung

Staunendes Nachdenken als Gebet
Band 2

Maria Wolf

Werden der Natur
Genesis 1,1-2,3
Wunder der Schöpfung

Staunendes Nachdenken als Gebet
Band 2

Bibliografische Information der Deutschen
Nationalbibliothek: Die Deutsche Nationalbibliothek
verzeichnet diese Publikation in der Deutschen
Nationalbibliografie; detaillierte bibliografische Daten sind
im Internet über http://dnb.dnb.de abrufbar.

© Februar 2023, Maria Wolf
Herstellung und Verlag:
BoD – Books on Demand, Norderstedt

ISBN: 9783734755903

Inhaltsverzeichnis

Vorwort

Viele finden, dass der Schöpfungsbericht der Genesis zwar in ansprechenden Bildern geschrieben ist, aber sie sehen darin keinen großen Wahrheitsgehalt. Sie halten ihn für ein alter Mythos, der heute, durch die neuen wissenschaftlichen Erkenntnisse, nicht mehr gilt.
Andere Menschen lehnen umgekehrt die wissenschaftlichen Ergebnisse ab und nehmen den Schöpfungsbericht wörtlich.
Doch mir scheint weder das eine sinnvoll, noch das andere. Wenn man die Worte des ersten Schöpfungsberichtes der Genesis als tiefgründige symbolische Bilderwelt betrachtet, dann werden diese Worte lebendig und können auch in unserer Zeit uns noch viel sagen.

Ich habe keine großen Kenntnisse der Theologie und auch nicht der Bibelwissenschaft, ich bin in dieser Hinsicht naiv. Daher mag manches, was ich schreibe den Aussagen dieser Disziplinen widersprechen oder schon lange allgemeines Theologie-Wissen sein. Mir geht es aber hier nicht um eine exakte Bibelexegese noch um genaue Textkritik. Ich lasse mich von den Texten berühren und schaue die Bilder meditierend an, wie sie innerlich auf mich wirken. Dabei fangen die Texte an, überraschend lebendig zu sprechen. In Gebetsform staune ich über das, was sich mir da an Wunderbarem eröffnet.

Vielleicht erfreut sich der eine oder andere Leser an dieser Sichtweise. Die biblischen Texte sind dergestalt verfasst, dass es unzählige unterschiedliche Zugänge gibt, die alle ihre Richtigkeit und Wahrheit enthalten können. Da aber heute viele Menschen nichts mehr mit diesen biblischen Texten anzufangen wissen, versuche ich hier, einen lebendigen Weg des Lesens zu gehen. Ich würde mich freuen, wenn es eine Anregung für interessierte Leser sein könnte, sich selbst einen ganz eigenen Zugang zu suchen.

Maria Wolf   München, den 02.02.2023

Genesis – Wunder der Entfaltung

Genesis 1,1-2,3 nach der Einheitsübersetzung von 2016

Mein Herr und mein Gott,
wunderbar ist Deine Schöpfung,
gewaltig und zugleich bis ins Kleinste wohl gestaltet.

Gewaltig und schön ist auch der Schöpfungsbericht, die Genesis.
Wenn ich in ihm lese, dann spüre ich den Atem Deiner Schöpfungskraft, ahne etwas von Deiner Macht und Deiner dahinter lie-
genden Weisheit, und ich spüre Deine Liebe, mit der Du Dein
Schöpfungswerk umgibst und trägst.

Welcher auf die Welt schauende Mensch, wessen Geist hat diese so
bildlich anschauliche Schöpfungsgeschichte geschrieben?

Der Text ist vor weit über 2.000 Jahren niedergeschrieben worden,
möglicherweise stecken in ihm mündliche Überlieferungen, die
noch viel älter sind, vielleicht sind auch mehrere Menschen an der
Entstehung mit beteiligt gewesen, habe verändert, ergänzt, geformt. Vielleicht ist der Schöpfungsbericht in einem Erkenntnis-
schub eines einzelnen Menschen entstanden, vielleicht war es ein
langer reifender Prozess. Doch ich werde hier den einzelnen oder
die vielen Urheber der Einfachheit halber als „den Schreiber" be-
zeichnen.

Ich stelle mir vor, oh Herr, dass es ein Mensch war, der sich fragte,
wie denn diese wunderbare und vielgestaltige Welt entstanden ist.
Und er öffnete seinen weiten und an Erfahrungen gereiften Geist
für Dich und Dein unfassbares Werk, das uns alle überall und je-
derzeit umgibt und das auch in uns wirkt.
Und Du ließest in seinen staunenden Geist die Bilder einfließen
von der Entstehung der Welt und von allem, was sie beherbergt
und hervorbringt.
Der Schreiber ließ die Bilder in seinem Geist wirken. Lange dachte
er nach, bis er schließlich bildhafte Worte fand, um das zu erzählen, was er gesehen hatte, wofür er aber keine Worte kannte. Ich
glaube, oh Herr, dass Du ihm passende Bilder und Worte für den
Schöpfungsbericht eingegeben hast. So schuf er menschliche Bil-

der, von denen der Schreiber überzeugt war, dass sie den Lesern seiner Zeit am besten zeigen konnten, was er geschaut hatte, woran Du oh Herr, ihn hattest teil haben lassen.

Die Bilder der Schöpfungsgeschichte sind nicht wortwörtlich zu verstehen, sie sind „Gemälde" für das, was unseren menschlichen Geist übersteigt. Und vor weit über 2.000 Jahren mussten auch viele Entwicklungen mit Worten beschrieben werden, für die heute die Wissenschaft Beschreibungen kennt, die aber damals noch nicht gewusst und nicht formuliert werden konnten. Doch wenn man den Schöpfungsbericht der Genesis mit heutigen wissenschaftlichen Ergebnissen im Hinterkopf liest, so kann man ahnen, dass in diesem Text bereits ein Wissen verborgen ist, das die Kenntnisse der damaligen Zeit übersteigt.

Doch nicht nur tiefe Kenntnisse der Welt und des Daseins werden hier anschaulich in Bildern dargestellt, sondern gleichzeitig wird die Nähe von Dir, oh Gott, zu Deiner Schöpfung bildlich erzählt. Wir spüren beim Lesen des Textes die Wärme Deiner Schöpfungskraft, die nicht einfach technisch etwas hinstellt, sondern die es vollbringt, ein wunderbares und staunenswertes Werk wachsen zu lassen, das Schönheit ausstrahlt und Leben hervorbringt, Leben, das durch Deinen Geist viel mehr ist als nur Chemie, Physik, als Reproduzierbarkeit und ein Evolutionsprozess.

Deine Welt, oh Herr, ist voll Geist, voll Schönheit und erfüllt mit Deiner Liebe, die auch in uns lebendig ist und wirkt. Die Liebe, sie verbindet, stiftet Nähe und Sinn.

Ich werde im Folgenden versuchen, die Bilder des Schöpfungsberichtes mit unseren modernen Erkenntnissen in Zusammenhang zu bringen, aber gleichzeitig das Wunderbare Deines alles übersteigenden Werkes staunend als Bild für sich stehen und sprechen zu lassen.

Meine Interpretation hat keinen Anspruch auf wissenschaftliche Wahrheit. Aber vielleicht vermag sie doch die zeitlose Bedeutung dieses Textes aufscheinen lassen.
Ich bitte Dich, oh Herr, sieh gnädig auf meine stümperhaften Versuche herab, Dein Schöpfungswerk auch für moderne Menschen

staunenswert und lebendig darzustellen. Deinem gewaltigen und alles umfassenden Werk werde ich niemals wirklich gerecht werden können. Freuen würde ich mich, wenn ich die Herzen der Leser einmal mehr für das Staunen und die Dankbarkeit öffnen könnte. Bitte begleite mich auf dem Weg des Schreibens und lass mich demütig vor Deinem Werk die rechten Worte finden. Dankbar stehe ich staunend vor allem, was Du geschaffen hast, und bitte dabei: öffne mich zu Dir hin, denn ohne Dich und Deine Liebe für Dein Werk gibt es für mich kein Verstehen. Nur in Dir, mit Dir und durch Dich kann ich wirklich, nicht nur äußerlich, sondern auch innerlich verstehen lernen.
Amen.

Im Anfang erschuf Gott Himmel und Erde.

Genesis 1,1 – Anfang, Himmel und Erde

Die ersten Worte der Bibel, und zugleich die ersten Worte der Genesis und darin des ersten Schöpfungsberichtes sind:

„Im Anfang erschuf Gott Himmel und Erde."

Wie gewaltig sind bereits die ersten Worte über Dein Werk, oh Herr!

„Im Anfang..." diese zwei Worte bedeuten ja, dass es einen Ur-Anfang gegeben hat, einen Anfang, der den Beginn der Zeitläufte bezeichnet. Denn vor dem allerersten Anfang kann es keine Zeit gegeben haben, sonst wäre der Ur-Anfang nicht der erste Anfang. Gegeben haben kann es schon immer die Ewigkeit, wenn die Ewigkeit nicht als immer weiter fortlaufende Zeit angesehen wird, sondern wenn unter ihr das Allumfassende der Zeit als das Zeitlose verstanden wird, also ein „Raum", in der alle Zeit aufgehoben ist, ein Raum, in dem Zeit nicht vergeht, sondern allumfassend gegenwärtig ist: Vergangenheit, Gegenwart und Zukunft und alles Zeitlose dazu.
Doch indem ein „Anfang" geschah, auf Dein Wort hin, oh Herr, da setzte der Lauf der Zeit ein, Zeit begann zu „laufen", das „Jetzt" aller körperlichen Erscheinungen läuft als Gegenwart durch die Zeit, verwandelt somit gerade Geschehenes in Vergangenheit und

bewegt sich in die Zukunft hinein. Was für ein machtvolles und staunenswertes Geschehen!

Das nächste Wort ist: „erschuf" - oh Allherrscher, Du hast erschaffen, Du hast gleichzeitig mit dem Zeitenlauf die Veränderung geschaffen, denn dort, wo etwas erschaffen wird, dort verändert sich etwas. Du hast also sogleich den Lauf der Zeit verlebendigt, indem Du Veränderung hervorbracht hast. So hast Du dem Zeitenlauf eine Aufgabe zugedacht, die Zeit ermöglicht die Veränderungen in der Zeit, in ihrer Ordnung. Würde die Zeit still stehen, gäbe es keinerlei Veränderung, keine Entwicklung – nur bei Dir Gott war wohl schon vor Beginn allen Daseins veränderndes Drängen als schöpferische Kraft Dir innewohnend. Doch hier, oh Herr, versagt unser Verstehen, Veränderung jenseits eines Zeitenlaufs ist uns nicht vorstellbar. Ewigkeit, in der die Zeit nicht mehr uns „davon läuft", die begreifen wir nicht: nicht, wenn die Ewigkeit lebendig und geistvoll zu verstehen ist.

Doch aus dieser unfassbaren Ewigkeit heraus hast Du Anfang und Zeitenlauf für uns erschaffen.

Doch nicht nur Zeitenlauf, auch Raum hast Du uns gleich zu Anfang gewährt:

Du erschufst den Himmel. Himmel im Ur-Zustand kann ich mir vorstellen als Ur-Ausdehnung in die grenzenlose Weite des Raumes, eines Raumes der reinen offenen Möglichkeiten. Kein Anfang oder Ende des Himmelsraumes sind erkennbar, er ist vor Erschaffung weiteren Daseins so etwas wie der unbegrenzte Raum der offenen Möglichkeiten, ein Raum der Weite, der Offenheit, des freien Geistes.

Dieser Anfang bringt die Weite, mit ihr auch die Leerheit – so benenne ich die Ur-Leere. Die Leerheit ist das Gefäß, in dem alles enthalten ist, alle offenen Möglichkeiten und nach und nach alle als Dasein im Zeitlauf verwirklichten Erscheinungen. Diese Ur-Offenheit, diese Ur-Weite, dieses alles umfassende Gefäß, oh Herr, nennt der Schreiber „Himmel".

Dieser „Himmel" ähnelt der Raumzeit unseres Universums, doch erscheint dieser wissenschaftliche Begriff viel kälter und beschränkter, als der Himmel, von dem hier die Rede ist.

Der Himmel ist Ur-Raum, ist die offene Möglichkeit, das Gefäß für alles weitere. Dieser Ur-Himmel setzt keine Schranken, kennt keine Begrenzungen, ist reine Weite.

Doch wenn mehr werden soll, als nur ein Zeitenlauf, in dem ungeordnet „wabernd" offene Möglichkeiten immer offene Möglichkeiten bleiben, dann muss noch mehr hinzukommen, als nur Zeitenlauf und Möglichkeiten-Raum.

Hier, oh Herr, lässt sich schon die Ur-Dualität feststellen, die in den vielen daraus erwachsenden Erscheinungen lebendig ist, und die sich trotz Gegensätzlichkeit durchdringt:

Gleichzeitig oder kurz nach dem Himmel, oh Herr, rufst Du die Erde ins Dasein. Die Erde, das ist Festigkeit, ist Begreifbarkeit, ist Sichtbarkeit, ist Spürbarkeit, ist Grund und Boden. Mit ihrem Erscheinen wird als Gegenteil die Offenheit des Himmels erkennbar, von der sie doch auch ein Teil ist, in dem sie ihren Ort hat.
Und die Erde ist einzig, sie ist das einmalige Dasein. Dasein ist nicht wie offene Möglichkeiten (oder wie eine virtuelle Welt) beliebig oft denkbar, das Dasein ist eine einzige, einmalige Wirklichkeit. Im aller ursprünglichsten Sinne ist „Erde" wie das Samenkorn, der erste, innerste Punkt des Daseins, ist das, woraus alles weitere entstehen kann, in den Raum hinein wachsend, den die Ur-Weite des Himmels anbietet. Das Samenkorn des Daseins, die Erde, kann sich in den Raum der offenen Möglichkeiten hinein verwirklichen, kann aus offenen Möglichkeiten verwirklichte Möglichkeiten machen.
Und mit der Verwirklichung der Möglichkeiten hast Du, oh Herr, den Möglichkeiten auch Grenzen gesetzt, indem Du durch die Naturgesetze eingeteilt hast, in das, was grundsätzlich möglich ist, und in das, was grundsätzlich nicht möglich ist. Du hast Größenordnungen von Raum und Zeit, von Energie und Materie erschaffen, und damit Ordnung im Chaos der völlig offenen Möglichkeiten bewirkt. Sobald Möglichkeiten in die geregelte Wirklichkeit kommen, gibt es „nebeneinander" und „nacheinander" und „stärker", „größer und kleiner", „weiter" und viele Ordnungen mehr.

Auf viel kleinerer Ebene haben ja auch wir Menschen Gesetze geschaffen, damit in einem Staat nicht so leicht alles möglich und
verwirklicht wird, was sich Menschen ausdenken können, und mit
diesen Gesetzen werden gleichzeitig dennoch große Freiräume für
den Einzelnen erhalten und geschützt.
Deine Natur-Gesetze, oh Herr, sind unvergleichlich tiefgreifender
und weitreichender als alle menschliche Gesetzgebung, aber auch
Natur-Gesetze schützen Freiheiten der schöpferischen Entwicklung, da in der Wirklichkeit nur Bestand haben kann, was sich neben dem möglichen Wandel auch auf Zuverlässigkeit und Dauer
stützen kann.
Verwirklichte Möglichkeiten sind wirklich da, sind fest und begrenzen auch andere Möglichkeiten. Die Erde, so sehe ich es, oh
Herr, kann im Gegensatz zur Weite Deines Himmels als Ur-Be-
grenzung gesehen werden, sie begrenzt und festigt somit das Dasein. Sie darf nicht unendlich groß sein, sonst würde sie alles ver-
schlingen und unter sich ersticken. Nur zusammen mit dem Frei-
raum des Himmels bleibt das Feste lebendig und wandelbar.

Das Dasein, die „Erde", ist selbst ein begrenzter Ausschnitt aus
dem Zeitenlauf, denn alles Dasein ist vergänglich, kennt Anfang
aber auch Ende. Und sie ist auch ein begrenzter Ausschnitt aus
dem offenen Raum, aus der Weite. Dadurch verliert sich das Dasein nicht in die Weite hinein. Aber jedem einzelnen Dasein, jeder
Erscheinung, ist ein klein wenig vom auf uns unendlich groß wir-
kenden Raum zum Aufenthalt geschenkt, und ein wenig vom großen Zeitenlauf, der uns wie eine Ewigkeit erscheint.

Aus dem Nichts hast Du, oh mein Herr und Gott, diesen wunderbaren Gegensatz erschaffen, der alles andere in sich trägt und Deinem Willen entsprechend zu seiner Zeit und an seinem Ort nach
und nach alles hervorbringt.

Welch eine gewaltige Aussage ist dieser erste Satz der Schöpfungsgeschichte, was nicht alles beinhaltet er!

Und jedes Wort hat seine Bedeutung, keines ist überflüssig. Bereits
im Worte „erschuf" ist ein Vorgang, eine Entwicklung spürbar.
Nicht plötzlich ist etwas da, sondern es wird sich entwickelnd von
Dir, oh Gott, geschaffen. Damit ist eine Beziehung zu ahnen: auf

der einen Seite bist Du, mein Gott, auf der anderen Seite ist die beginnende Schöpfung. Und Dein Wesen, Dein Geist sind durch Deine gewaltige Schaffenskraft mit der Schöpfung verbunden. Die Schöpfung wäre ohne Dich nicht vollständig vorstellbar.

Doch auch das Wörtchen „und" zeigt mir, wenn ich genau hinschaue, eine tiefe Bedeutung an. So wie das Wort „erschuf" die aller ursprünglichste Beziehung zwischen Dir und der Schöpfung aufzeigt, so bindet das Wörtchen „und" Himmel und Erde zusammen. Ob die Nennung des Himmels vor der Erde auch anzeigt, dass zuerst die Leerheit mit ihren Möglichkeiten war? Wer weiß das schon. Aber das „und" legt fest, dass beide zusammen gehören, dass sie aufeinander angewiesen sind, soll aus der Schöpfung schöpferische Vielgestaltigkeit werden und wachsen.

Du, oh Herr, hast nicht irgendwo einen Himmel, die Ur-Weite, und völlig getrennt davon die Erde, das Ur-Bild für das begrenzte Dasein, die Individualität, das wirklich als Einzelnes Erkennbare, geschaffen, sondern Du hast Weite und Begrenzung von Anbeginn verknüpft. Und so kann sich seit Anbeginn Deine Schöpfung in immer neuen Formen entfalten, in immer neuen Vereinigungen von Ausdehnung und Begrenzung.

Dies geschieht mit räumlichen Orten, mit Zeiträumen, mit der verändernden Kraft der Energie, mit allem Körperlichen, mit dem Leben, so in Mikroben, Pflanzen, Tieren und Menschen, mit dem Geist, mit Gedanken, Vorstellungen und Ideen und mit der Liebe zu Menschen und Dasein, der Liebe die in uns, und in Dir oh Gott, wohnt, oder die Du selbst bist, und mit der Du in uns gegenwärtig bist. Was für ein bewegtes und wunderbares Werk hast Du hier in Deiner Schöpfung in Gang gesetzt, oh mein Herr und Gott, und bist dabei selbst noch anwesend in Deinem Werk mit Deiner Liebe und hast die Schöpfung mit dem Geist der Liebe erfüllt und belebt!

Der Himmel, nicht als Ur-Himmel, sondern als unser bekanntes Himmelsgewölbe, wird erst später im Schöpfungsbericht genannt, so dass ich den hier genannten Himmel, oh Herr, wohl zu Recht als die Ur-Weite anschauen kann. Bevor von der Schaffung des uns bekannten „Himmelsgewölbes" erzählt wird, da wird noch das Ur-Licht von Dir, oh Herr, zum Leuchten und Strahlen gebracht.

Die Erde war wüst und wirr (oder leer in der Luther- Übersetzung) und Finsternis lag über der Urflut und Gottes Geist schwebte über dem Wasser.

Genesis 1,2 – Erde wüst und leer, Finsternis, Urflut, Gottes Geist

In dem Schöpfungsbericht, oh Herr, heißt es weiter über den Ur-Zustand von Himmel: finster – und Erde: wüst und leer.

„Die Erde war wüst und wirr (oder leer)".
Hier schauen wir auf die Erde, die sich noch in ihren Erscheinungen nicht ausgeformt hat, es gibt nichts klar Erkennbares.

„Finsternis lag über der Urflut"
Noch ist nichts da, was die Leerheit, den offenen Raum für Möglichkeiten und das feste Dasein verbinden könnte. Die Erde war das feste, verschlossene „Samenkorn" des Daseins, die Leerheit konnte sie noch nicht befruchten, die Leerheit war noch finster und wie tot.
Die Erde wird nun nicht mit Erdreich und Gestein beschrieben, sondern es liegt dort eine „Urflut".

„und Gottes Geist schwebte über dem Wasser."
Du, oh Herr, bist nahe bei Deiner Schöpfung, Du bist über ihr. Während die „Finsternis" den Eindruck macht, schwer auf den Wassern der Urflut zu liegen, die Urflut vielleicht sogar zu bedrücken, so wird von Deinem Geist, oh Herr, erzählt, dass er über dem Wasser schwebte. Was für eine Leichtigkeit kommt hier zum Vorschein, eine spielerische Nähe, die sich noch Zeit lässt, die erst mal alles in sich aufnimmt.
Fliegen muss man aktiv, z.B. durch Flügelschlagen, doch Schweben ist schwerelos, braucht keine Anstrengung. Es ist, als wäre für Dich, oh Herr, die Schöpfungs-Tat nicht schwer, sondern fast spielerisch leicht. Welch eine Größe steckt in dieser Vorstellung.

Und die Worte der Genesis zeigen mir, wie Du, oh Herr, mit Deiner Schöpfung von Anfang an verbunden bist: es ist Dein Geist, der über der Ur-Flut schwebt, nicht ein Körper, nicht eine reine ungeformte Energie, kein rein Raum oder reine Zeit: es ist Dein Geist.

Erst mit Jesus Christus wirst Du, oh Herr und Gott, Dich in menschlicher Gestalt uns offenbaren, wirst aufrufen zur Vergebung, so dass die Menschen nicht mehr eingeteilt werden in gute und in unverzeihlich böse Menschen. So wie Du uns alle liebst und für uns unfassbar barmherzig bist, so sollen auch wir alle lieben, denen wir begegnen, sollen wir im Geist mit ihnen als Deinen Geschöpfe bejahend in Liebe verbunden sein. Und so können wir die Trennung von liebenswerten und zu hassenden Menschen aufheben, die durch den Sündenfall geschehen ist, da wir dort verbotener Weise vom „Baum der Erkenntnis von Gut und Böse" gegessen haben. Durch die barmherzige, liebende Weite in unserem Herzen werden wir wirklicher in Dein Reich eintreten, in Deine Ewigkeit. Denn was wir an Trennung und Abgrenzung aufgeben, so stelle ich es mir vor, oh mein Gott, das gewinnen wir an Weite des Herzens hinzu, und gleichzeitig nehmen wir an Wirklichkeit und Leben im Jenseits, in Deiner Liebe, zu. Denn nun ist die Vereinigung von Begrenzung und Ausdehnung auf die höchste Stufe gehoben: in Deinem Reich erfahren wir eine Persönlichkeit und Individualität, wie wir sie auf Erden nicht erleben können, es ist ein Zustand ohne Vergänglichkeit und ohne Trennung, zugleich vielfältig lebendig und gemeinsam mit allen anderen Menschen, mit denen uns die Liebe vereint, und so erleben wir die Weite Deiner Liebe, sind in ihr verbunden und geborgen.

Jesus Christus ist zugleich leichter als auch schwerer zu verstehen als Du als Schöpfergott. Er vereint die Gegensätze „göttlich" und „menschlich" und wirkt so eine Veränderung unseres Daseins. Doch all dies soll in einem eigenen Bändchen über den „Geist" näher beleuchtet werden.

Doch das Auftreten Deines Sohnes auf Erden und sein Öffnen des Tores zum Himmelreich mit seiner Auferstehung findet erst viel später statt, als die hier beschriebene Schöpfungs-Tat. Im Schöpfungsbericht ist es alleine Dein Geist, oh mein Herr und Gott, der seiner Schöpfung nahe ist und über sie wacht. Daher kehre ich zurück zur Ur-Flut.

Das Bild der Ur-Flut ist nicht so statisch starr, wie man meinen könnte, sondern die Ur-Flut erinnert an bewegtes Wasser, an Strömungen und Strudel, an Veränderung und Unruhe. Noch scheint alles zu gären, der Ur-Flut ist noch nichts entstiegen, sie scheint noch mit sich selbst beschäftigt. Vielleicht bezeichnet sie die allererste Begegnung von Leerheit, von offenem Möglichkeiten-Raum mit der einmaligen Wirklichkeit des Daseins. Was für ein gewaltiges Ereignis muss das gewesen sein. Und Dein Geist war nicht ferne, sondern schwebte wachend über dem Geschehen, das Du in Gang gesetzt hast.

Herr, Deine Schilderung der Urflut in der Finsternis, diese erinnert mich an Theorien über die ersten Ereignisse nach dem Urknall. Da soll das Universum ganz klein gewesen sein, und dicht angefüllt mit Plasma, eine Zustandsform, die den Flüssigkeiten ähnlich ist und an die mich die Ur-Flut ein wenig erinnert. Das Plasma war sehr dicht, es gab keine großen leeren Zwischenräume wie heute im Universum. Und das anfängliche Universum war finster, es gab kein Licht, aber es war in Bewegung. Erst als sich das Universum stärker ausgebreitet hatte, die Raumzeit sich ausdehnte, da begannen auch Sterne zu leuchten, das Licht kam in unsere Welt.

Ahnte der Schreiber der Genesis etwas von dem Aussehen und Zustand des Universums nach dem Urknall? Oder hast Du, oh Herr, ihm diese geschauten Bilder eingegeben? Die Worte der Genesis sind so schlicht und gewaltig gleichzeitig, so dass ich mir vorstellen kann, dass Du, oh Herr, bei der Entstehung mitgewirkt hast, dass Du mit Deinem Geist den Geist des Schreibers berührt hast.

Gott sprach: Es werde Licht. Und es wurde Licht.

Genesis 1,3 – Es werde Licht

Und nun, oh Herr, lässt Du das Licht in die Welt kommen.
Und wieder sind es einfache, schlichte Worte, die eine ungeheure und gewaltige Wirkung schildern. Und doch ist es die Klarheit und Direktheit der Worte, die tief in unsere Seele gehen können, wenn wir uns dafür öffnen.

Drei knappe Sätze:

Gott sprach.
Es werde Licht.
Und es wurde Licht.

Ohne magisches Brimborium, ohne technische Hilfsmittel, ohne Versuch und Irrtum, ohne Anstrengung, ohne Hindernisse: so wird der Schöpfungsvorgang des Lichtes geschildert. In der deutschen Übersetzung sind es gerade einmal 9 Worte. Klar wie das Licht selbst ist diese Beschreibung. Und doch, oh Herr, voll des Geheimnisvollen.

Und diese wenigen Worte deuten schon das Werden in der Natur an: Gott sprach – und es wurde. Dies ist ein zeitlicher Ablauf, Gottes Wort wird gefolgt von der Wirkung. Die Welt ist nicht plötzlich vollständig da gewesen, sondern sie ist entstanden, gewachsen, hat sich nach Deinem Wort, oh Herr, geformt und entfaltet, Schritt für Schritt.

Licht: die vielleicht geheimnisvollste und erstaunlichste Erscheinung in unserer Welt. Licht ist in der Physik eine der elektromagnetischen Wellen, es ist Energie. Und Energie ist die Fähigkeit, zu verändern. Energie ist Veränderungs-Kraft.
Licht ist eine sich in alle Richtungen vom Ausgangspunkt gleichmäßig ausbreitende Energiewelle – oder ein Energieteilchen? Die Physiker sind ratlos, und sehen beides im Licht: Welle und Teilchen, und verstehen nicht, wie dies, oh Herr, sein kann.
Licht breitet sich aus, dadurch erscheint es in der Entfernung schwächer als in der Nähe, es verliert an Dichte. Doch obwohl das Licht das ganze Universum durcheilt, wenn es auf kein Hindernis trifft, verliert der einzelne Lichtstrahl doch nichts von seiner Kraft. Wie viele Lichtstrahlen haben eigentlich nebeneinander Platz? Unendlich viele?
Das Licht, das in unser Auge fällt, gibt uns die Fähigkeit zu sehen, zu erkennen, wie unsere Umgebung aussieht.
Aber das Licht selbst, oh Herr, ist für uns auf seinem Weg unsichtbar. Wir können durch das Licht hindurchsehen, wenn der Lichtstrahl nicht genau auf unser Auge gerichtet ist. Wäre dem nicht so, könnten wir vor lauter Lichtstrahlen nirgends etwas sehen außer diesen Lichtstrahlen. Wie weise hast Du alles eingerichtet. Und doch sind die Lichtstrahlen – und andere Energiestrahlen – überall um uns herum.
Und wenn Lichtstrahlen auf eine grüne Pflanze treffen, kann diese das Licht als Energie, die im Zucker gespeichert ist, sammeln.

Licht als Energie gibt Deiner Schöpfung die Kraft zur Veränderung.

Erst das Licht und die anderen Energien bewirken die Lebendigkeit der Welt, erschaffen immer neuen Wandel, immer neues Werden, immer neue Vielfalt und in unserem Geist immer neues Erleben.

Licht als Energie ist damit ein Symbol für die Fähigkeit, in der Welt etwas zu verwandeln.

Welch eine Schöpfungsmacht muss in Dir sein, oh Herr, damit Du dem Licht, dem Wandler der Welt, einfach gebieten kannst, zu werden.

Dass mit dem Licht an dieser Stelle der Genesis nicht einfach die Sonne gemeint ist, wird deutlich, wenn am vierten Tage das „große Licht" als die Sonne extra noch einmal im Schöpfungsbericht genannt wird. Hier, am ersten Tag wird das Licht an sich von Dir, oh Gott, erschaffen, als Wesen, dem die Kraft innewohnt, etwas zu zeigen, etwas sichtbar zu machen, zu erkennen und zu erleben, und gleichzeitig hat das Licht als Energie mit seiner Kraft die Macht zu verändern und zu wandeln, während die Finsternis der Ruhe dient.

Oh Herr, Du bist für mich das Ur-Licht, das Licht, von dem alles Werden und Vergehen, aller Wandel ausgeht, das Licht, das alles hell macht, das Licht, das erkennen lässt. Und bei Dir ist auch die Erkenntnis der tiefsten Wahrheiten. Du bist selbst die Wahrheit und das Licht. Das Licht in der Welt ist ein Abbild Deiner Größe, Deiner geistigen Strahlkraft und des Erkennens.

Gott sah, dass das Licht gut war. Und Gott schied das Licht von der Finsternis.

Genesis 1,4 – Licht gut; Gott schied Licht und Finsternis

„Gott sah, dass das Licht gut war"

Oh Herr, Du hast nicht nur nach und nach die Welt erschaffen, Du schaust auch auf sie.
So hast Du das Licht für gut befunden.

Dieser Satz zeigt mir aber noch: Du erstellst die Welt nicht in einem durchgeplanten, gewaltsamen Prozess, nicht so, wie ein Autobauer ein Auto zusammensetzt, berechnet und kalt.

Nein, du lässt werden. „Es werde..., und es wurde". Du bereitest die Schöpfung, wie eine Mutter ihr Kind gedeihen lässt. Du gibst die Grundrichtung vor, aber Du führst nicht alle Einzelheiten aus, sondern Du lässt wachsen und gedeihen, Du hast Vertrauen, dass es gut wird. Doch Du schaust auf Dein Werk, und aus den Worten meine ich auch Freude zu hören, über das Gelingen. Obwohl Du allwissend bist, und das Gelingen Dir gewiss, so bist Du doch fähig, Freude über die Schöpfung zu empfinden. Damit fühle ich eine Nähe zu Dir.

„Und Gott schied das Licht von der Finsternis."

Hier wird wieder erkennbar: die Welt in ihrer Vielfalt entsteht durch die Gegensätze. Und auch dem Licht hast Du, oh Herr, ein Gegenüber gegeben: die Finsternis.

Das Licht ist die Kraft des Wandelns, die Finsternis ist die Zeit des Ruhens, in der sich äußerlich nichts oder wenig wandelt.

Könnten wir das Licht überhaupt erkennen, wenn es keine Dunkelheit, keine Finsternis, keine Schatten, nicht einmal Schattierungen gäbe? Wohl kaum. So dient uns die Finsternis – auch die seelische – der Erkenntnis des Lichtes.

Und die Finsternis ist auch in gewissem Sinne wieder Weite und Offenheit: Möglichkeiten-Offenheit.

Dort, wo das helle Licht alles beleuchtet, bleibt mir wenig verborgen. Doch im Finsteren kann vieles sich verbergen: das Böse und das Gute. Das Dunkel lädt ein zum innerlich werden und zum Schlafe, also zum Loslassen vom Sichtbaren. Im Dunkel, wenn ich mich geborgen fühle, kann ich mich öffnen, dem Unsichtbaren, dem Träumen, und der Nähe zu Dir.

Von Dir, oh Gott, ist für mich so vieles im Dunkeln, ist jenseits meines Verstehen-könnens. Doch manchmal glaube ich, Dich zu spüren, Dich zu ahnen – und das ist wie ein Licht im Dunkel.

Ich danke Dir, dass Du Licht und Finsternis geschieden hast, und so unsere Welt reicher und vielfältiger gestaltet hast.

Dass Du, oh Herr, Licht und Finsternis selbst geschieden hast, das kann ich als Bild dafür ansehen, dass Du die Gesetze, nach denen die Natur sich entwickelt und entfaltet, selbst eingesetzt hast. Vieles lässt Du sich entfalten, wachsen, vergehen und neu entstehen in den freien Raum der Entfaltung hinein, denn Du weißt, dass Du die Gesetze des Werdens und Vergehens weise geordnet hast, so dass Werden und Vergehen und Neubeginn in wundervoller Vielfalt und Lebendigkeit ablaufen. Aber die Grundfesten der Naturgesetze hast Du selbst in Deine Schöpfung hineingelegt. Und die Welt folgt diesen Gesetzen zuverlässig und sicher. Nur mit dieser von Dir gesetzten Zuverlässigkeit im Hintergrund kann sich unsere bunte und vielfältige Welt entfalten.

Bei uns Menschen ist das Licht ein vielfach gebrauchtes Symbol: es symbolisiert Erkenntnis: „Mir ist ein Licht aufgegangen", es symbolisiert den Geist, es steckt im Wort „Erleuchtung", und „das Licht der Welt erblicken" meint geboren werden, ins Leben treten. Und Dein Sohn, oh Herr und Gott, Jesus Christus spricht:
„Ich bin das Licht der Welt. Wer mir nachfolgt, wird nicht in der Finsternis umhergehen, sondern wird das Licht des Lebens haben."
(Johannes-Evangelium 8,12).

Und so ist es durchaus angemessen, dass das Licht am ersten Schöpfungstag geschaffen wurde.

So bestand bereits am ersten Tag Deine Schöpfung, oh allmächtiger, einziger Gott, aus:

Offenen Möglichkeiten, Weite, Ausdehnung (Himmel),
zu diesen offenen Möglichkeiten kommt die Raumzeit, sie beinhaltet teilbaren Raum und teilbare Zeit.
Materie (Erde), anfangs als Plasma (Urflut), Materie als erkennbares, individuelles und jeweils einmaliges Dasein, und als Ursprung aller weiteren, vielfältigen Erscheinungen.
Und die Energie, für die das Licht steht, die vielen Energieformen, die sowohl den Zusammenhalt als auch den steten Wandel unserer Welt bewirken. Licht aufgenommen von den Grünpflanzen wird uns Tieren und Menschen die Grundlage für unsere Lebendigkeit.

Wie großartig ist das Werk Deines ersten Schöpfungstages, oh mein Herr und mein Gott.

Und Gott nannte das Licht Tag und die Finsternis nannte er Nacht. Es wurde Abend und es wurde Morgen: erster Tag.

Genesis 1,5 – Gott benennt Tag und Nacht, erster Tag

„Und Gott nannte das Licht Tag und die Finsternis nannte er Nacht."

Hier wird wiederum die Liebe und Sorgfalt spürbar, mit der Du, mein Herr und mein Gott, mit der Schöpfung umgehst. Du gibst dem Geschaffenen Namen, benennst sie. Worum man sich nicht mehr kümmern möchte, das benennt man nicht. Indem Du alles mit Namen nennst, verbindest Du Dich auf weiteres mit Deiner Schöpfung.

Dies ist ein anderes Bild, als es die Naturwissenschaften entwerfen. Es ist kein Bild, das den Wissenschaften widerspricht. Es ist aber ein Bild, das so viel mehr ist.

Nach der naturwissenschaftlichen Theorie stecken zwar in allen Ereignissen die Vorläufer-Ereignisse, aber es besteht zwischen den Ereignissen keine erkennende Beziehung, keinen Benennung und keine Fürsorge – es sei denn, es handelt sich um höheres Leben mit einem denkenden Geist.

Du aber, oh Herr, Du hast nicht einfach etwas in die Welt gestellt, Du stehst in Beziehung zu Deiner Schöpfung, benennst sie und machst sie mit Namen anrufbar.

Damit hast Du auch den Geist der Liebe und der Fürsorge für die Welt und ihre Erscheinungen mit in das Dasein gebracht – auch in unser Dasein. Wir sind Dir nicht ein gleichgültiges Zufallsprodukt, sondern Du willst und kennst uns beim Namen und liebst uns.

Und so können auch wir – ahnend oder ahnungslos verbunden mit Deinem Geist – können auch wir wollen, beim Namen nennen und dürfen lieben. Dein Geist schenkt uns das Licht des Erkennens und des Liebens.

Doch manchmal brauchen wir auch die Finsternis im Herzen, um dann umso dankbarer wieder Dein Licht in uns zu erblicken. Ich danke Dir für das Licht, und ich danke Dir auch für die Finsternis.

Doch ich bitte, lass die Finsternis niemals zu lange währen, komm dann bald wieder mit dem Leuchten des Lichtes in mein Herz.

„Es wurde Abend und es wurde Morgen: erster Tag."
Viele Menschen meinen, die Tage-Einteilung der Schöpfungsgeschichte wörtlich nehmen zu müssen und kommen dann natürlich in Widerspruch zu den wissenschaftlichen Forschungsergebnissen und der Evolutionslehre. Doch in alter Zeit galten Angaben über Zeit-Räume oft symbolisch. So bedeuteten 40 Tage bei den Israeliten nicht 40 Tage, sondern damit war eine sehr lange Zeit gemeint. Daher können die sieben Tage der göttlichen Schöpfung durchaus für kosmisch ausgedehnte Zeiträume stehen. Sie widersprechen deshalb keineswegs der evolutionären Entwicklung, sondern im Gegenteil, sie betonen diese, sie zeigen, dass auch die Schöpfung durch Dich, oh Gott, dass auch das Werden unserer Welt aus Deinem Schöpfergeist, dass auch dieses Werden Zeit brauchte und Zeit hatte und weiterhin in die Zeit, in die Zukunft hinein geschieht.

Und mit dem Scheiden von Licht und Finsternis im Rhythmus von Tag und Nacht entsteht die eingeteilte Zeit. Möglicherweise handelt es sich hier um Licht und Finsternis im ganz ursprünglichen Sinne, nicht alleine bezogen auf unsere Erde in unserem Sonnensystem in der Milchstraße. Denn Licht und Schatten gibt es im ganzen Universum, und den Lauf der Zeit, der mit dem Wechsel von Licht und Schatten erfahrbar wird – auch ohne Uhren – der bestimmt ebenfalls unseren gesamten uns bekannten Kosmos.
Und wenn ich auf die zweite Beschreibung der Erschaffung von Licht und Tag und Nacht blicke, dann wird dort – anders als hier – das Licht an einen bestimmten Ort gestellt: in das Himmelsgewölbe, das hier aber noch gar nicht erschaffen ist. Es gibt hier also noch gar nicht den Raum, in dem das Licht unserer Erde zugeordnet werden könnte. Hier wird mit dem Licht zusammen die erste begrenzte Zeit erweckt. Der erste begrenzte Raum breitet sich kurz darauf als Gewölbe zwischen den Wassern aus.
Oh Herr, wie klug und weise hast Du die Zeit eingerichtet. Durch „Tag" und „Nacht" im Wechsel gibt es jetzt nicht nur einen Anfang, einen Beginn des Daseins, sondern der sich in die Tiefen der Zukunft erstreckende Zeit-Raum des Daseins wird in regelmäßige Abstände eingeteilt.

Damit wird der Fluss der Zeit greifbar. Und kleinere, begrenzte Zeiträume sind erkennbar. So können Veränderungen, die durch Licht, das heißt durch Kräfte und Energien bewirkt werden, auch in ihrem Zeitraum bemessen und wahrgenommen werden.

Aber hiermit kommt auch die Vergänglichkeit in die Welt, die zeitliche Begrenzung der zeitlichen Ausdehnung, der Anfang auf den nach einiger Zeit das Ende folgt. Der Gedanke daran ruft bei vielen von uns ein leichtes Schaudern hervor. Doch ohne Vergänglichkeit wäre in einer begrenzten Welt nichts Neues möglich. Die Vergänglichkeit ist die zeitliche Ur-Voraussetzung dafür, dass immer wieder Neues aufblüht und gedeihen kann, sie gebiert die Vielfalt und Lebendigkeit des Daseins.

Die Finsternis kann nicht dort sein, wo das Licht ist, wenn Licht werden soll, muss die Finsternis vergehen. Doch umgekehrt kann die Finsternis auch nicht werden, wenn noch das Licht herrscht. So muss das Licht weichen, damit wiederum Finsternis sein kann. So wechseln Licht und Finsternis im Tagesrhythmus, lassen den ersten Tag erscheinen und beenden ihn ebenso, um den neuen Tag mit neuem Licht aufscheinen zu lassen.

Die Finsternis war schon über der Urflut, bevor das Licht kam. Dass Du, oh Herr, das Licht erschaffen hast, aber dennoch auch der Finsternis zeitlich Raum gegeben hast, das weist darauf hin, dass in Deiner Schöpfung das neu Erwachende nicht immer das Vorherige vernichten muss, sondern dass sie zusammen auf einer neuen Ebene etwas ganz Neues bilden können, so hier auf der Ebene des Zeitenlaufs bilden sie den Wechsel von Tag und Nacht und somit den zählbaren Rhythmus der Zeiten.

„Es wurde Abend und es wurde Morgen: erster Tag." - welch eine tiefgründiges Wort beschreibt hier Deine Schöpfungs-Weisheit, mit der Du, oh Gott, die zeitliche Ur-Voraussetzung für das Werden und Vergehen, den Wandel und das immer wieder neu Entstehen geschaffen hast. Doch nicht nur Licht und Finsternis trennst Du, sondern Du benennst diesen Schöpfungstag als den ersten Tag. So weist Du ja schon über diesen Tag hinaus, deutest an, dass es den zweiten und unzählige folgende Tage gibt. Damit hast Du das Neu-Erwachen in die Welt gebracht, die eben nicht nur Vergänglichkeit kennt, sondern auch das erneute Aufwachen, das erneute Erblühen, das Leben, das sich durch die wandelnde Zeit immer wieder neu gebiert und dabei sich in wachsender Vielfalt immer wieder neu erweist.

Lange Zeit nach Deiner Schöpfungs-Tat, nach einer Zeit der Reifung des menschlichen Geistes, hast Du, oh mein Herr und mein Gott, durch Deinen Sohn Jesus Christus uns Menschen verkündet, dass für uns im Tode nicht die ewige Finsternis wartet, sondern dass wir Dein ewiges Licht schauen dürfen. Dankbarkeit erfüllt mich bei diesem Gedanken, denn Du lässt uns nicht alleine und verloren in Deiner Schöpfung, sondern Du bewahrst uns, gibst uns nicht der endgültigen Vergänglichkeit preis, sondern Du holst uns in Dein Licht, dessen Gestalt wir heute erst nur ahnen können, die wir noch nicht voll begreifen können. Doch spüren kann ich, oh Herr, Deine anhaltende Liebe für Deine wunderbare Schöpfung.

Lange Zeit waren wohl Tag und Nacht die kürzesten Zeiteinheiten, die wir kannten. Morgengrauen und Abenddämmerung waren langsam einsetzende Änderungen, der Wandel vom Tag zur Nacht und umgekehrt vollzog sich ruhig und allmählich.
Doch mit der Erfindung der Uhren wurden die bemessbaren Zeiträume immer kleiner, heute kann man kleinste Bruchteile von Sekunden messen und damit neue Erkenntnisse gewinnen. Aber wir haben uns auch immer mehr unter das Diktat kurzer Zeiträume und exakt einzuhaltender Termine gestellt.
Ob das Deinem Willen entspricht, oh Herr? Dein Maß jedenfalls war der Tag: überschaubar aber doch lange genug, um vieles darin zu vollbringen oder zu erleben und in der Nacht im Schlafe genügend auszuruhen und in Traumwelten Dinge zu erleben, die uns tagsüber verborgen sind. Deine mächtige Schöpfung, auch die der Zeit, atmet Ruhe und Gelassenheit.
Für Dich, oh Herr, ist es kein Widerspruch, allmächtig zu sein und zugleich aufmerksam, gelassen, barmherzig und erfüllt mit Liebe zu Deiner Schöpfung.

Dann sprach Gott: Es werde ein Gewölbe mitten im Wasser und scheide Wasser von Wasser.

Genesis 1,6 – Gewölbe scheide Wasser von Wasser

Als ich diese Beschreibung zum ersten mal las, oh Herr, da dachte ich, es handele sich um die Scheidung von verschiedenen Meeren und Flüssen durch das Land.
Doch liest man die nächsten Sätze des Schöpfungsberichtes, so

steigt ein anderes Bild auf:

Vielmehr beschreibt das Gewölbe unseren irdischen Himmel, und das Wasser unten ist das flüssige Wasser der Gewässer, und das Wasser oben ist das Wasser oder der Wasserdampf in den Wolken. Das Gewölbe entspricht somit unserer erdnahen Atmosphäre.

Und wieder, oh Gott, treibst Du die Schöpfung voran, indem Du eine weitere Unterscheidung verwirklichst: Du schenkst dem Wasser – und damit allen Elementen – unterschiedliche Aggregatzustände.

In dem Bild dieses Schöpfungs-Spruches sind gegenwärtig die Zustände: flüssig, dampfförmig und gasförmig, letzteres nämlich in der Atmosphäre, dem Gewölbe-Inneren. Das „Feste", das Land, kommt später als Unterscheidung noch hinzu. Der Zustand des Plasmas, das ja wissenschaftlich gesehen unmittelbar nach dem Urknall entstanden sein soll, war ja möglicherweise schon mit der Urflut da und hat sich jetzt in neue Zustände ausgeformt und auch in verschiedene Energien verwandelt.

Bei genauem Hinsehen ist es bemerkenswert, dass der Schreiber der Genesis nicht einfach niederschreibt, dass Du, oh Herr, das Meer und die Wolken geschaffen hast. Nein, ihm ist es besonders wichtig, dass Wolken und Gewässer eigentlich aus dem gleichen Stoff sind - dem Wasser - dass sie aber durch den Raum geschieden sind.

So wird an dieser Stelle die Verwandlung in die Schöpfung eingeführt, und zwar mit dem Wasser. Sicher wusste man auch damals schon, dass die Wolken zu Regen und damit wieder zu Wasser in Gewässern werden konnten, aber auch, dass Wasser verdampfen konnte. Dem Schreiber war diese Verwandlungs-Fähigkeit wichtig, und auch die Beziehung, die durch Verwandlung bestehen bleibt: beide Formen bleiben Wasser.

Aber indem ich nur auf die Wasser und die Funktion des Gewölbes schaue, oh Herr, übersehe ich, dass hier Raum geschaffen wird. Zwischen den Wassern ist Raum, man könnte auch sagen: eine begrenzte Leerheit, in die hinein sich vieles entfalten kann, so beispielsweise auf unserer kleinen Erde: Winde wehen, Wolken ziehen, Vögel fliegen – inzwischen auch Menschen - Gebirge erheben sich, Bäume und Pflanzen wachsen in die Höhe des Gewölbes, Tiere und wir Menschen können darin umherlaufen, Häuser entstehen und vieles mehr ist in diesem Gewölbe-Raum möglich.

Vielleicht, oh Herr und Meister des Entstehens, kann man diese Stelle in der Schöpfungsgeschichte auch lesen als Entstehung des Raumes überhaupt, als die Ur-Ausdehnung in den Raum hinein, eine Ausdehnung, die aber für das Dasein begrenzbar sein muss, denn nichts, was ist, darf den ganzen Raum füllen, außer Zeit und Raum selbst. Erst dadurch, dass der Raum geteilt und in kleinere Räume begrenzt werden kann, ist – zusammen mit den ebenfalls begrenzten Zeit-Räumen – Vielfalt möglich. Auch wir Menschen sind ja durch unsere Haut von dem Außenraum abgegrenzt – und das ist lebenswichtig und macht uns zu erkennbaren Individuen..

Auch dass sich Deine Schöpfung nach Deinem Willen nach und nach entwickelt, wird aus dem Satz deutlich:
„Dann sprach er" heißt es über Deine Schöpfung, die durch das Wort geschieht. Es heißt nicht einfach: „Er sprach", sondern ausdrücklich: „Dann...". Dem Fortgang der Schöpfung hast Du, oh mein Herr und Gott, eine sinnvolle Ordnung gegeben. Du ordnest also nicht nur die Schöpfung selbst, sondern auch die Entwicklung, die sie durchläuft. Und die Rhythmisierung des Zeitenlaufs, auch diese ist Dir wichtig, so heißt es weiter unten: *„Lichter sollen am Himmelsgewölbe sein, um Tag und Nacht zu scheiden. Sie sollen als Zeichen für Festzeiten, für Tage und Jahre dienen."*
Und am siebten Tag, oh Herr, nachdem Dein Schöpfungswerk getan ist, segnest Du es und ruhst. Auch dies wird nicht übersehen, dass das Tun nur gut wird, wenn man auch dazwischen Zeiten des Ruhens kennt. Ist es nicht auch in der Natur so – nicht nur dass Pflanzen und Tiere Ruhephasen brauchen und kennen, auch die ganze Evolution hat Zeiten, in denen sich viel verändert, viel vergeht und viel sich neu entwickelt, und es gibt Zeiten, da ist bleiben die meisten Verhältnisse stabil, es gibt kaum evolutionäre Veränderungen. Aktivität und Ruhe sind sehr grundsätzliche Gegensätze in Deiner Schöpfung, oh Herr, aber gemeinsam, in wechselnder Verbindung miteinander fördern sie mit Wandel und Stabilität die Vielfalt des Daseins.
Immer wieder begegnen beim Lesen des Schöpfungs-Berichtes die Hinweise auf die zeitliche Entwicklung, auf das Aufeinander-folgen. Und nach sieben Tagen ruhst Du, oh Gott.
Und ebenso gibt es immer wieder räumliche Beschreibungen: Dein Geist, oh Gott, der über der Urflut schwebt, das Gewölbe – also ein Raum – das die Wasser trennt, danach, das Wasser, das sich an

einem Ort sammelt, und von den Pflanzen wird noch einmal betont, dass sie „auf der Erde" sind, und Lichter sollen vom Himmelsgewölbe herab über die Erde hin leuchten, womit das räumliche Strahlen der Himmelskörper verdeutlicht wird. Und als die ersten Tiere kommen, heißt es: „ *das Wasser wimmle von Schwärmen lebendiger Wesen und Vögel sollen über der Erde am Himmelsgewölbe fliegen*": es werden nicht einfach Fische und Vögel erschaffen, sondern die Wassertiere haben ihren Ort im Wasser, und sie wimmeln, d.h. sie nutzen den Raum, und von den Vögeln wird deutlich erwähnt , dass sie über der Erde und am Himmelsgewölbe fliegen. Und später heißt es noch einmal deutlich: *„Seid fruchtbar und mehrt euch!Füllt das Wasser im Meer und die Vögel sollen sich auf Erden vermehren."* Alles hat seinen Ort, wo es hingehört. Und immer wieder wird erwähnt: *„Gott machte die Wildtiere der Erde nach ihrer Art, das Vieh nach seiner Art und alle Kriechtiere auf dem Erdboden nach ihrer Art."* Immer wieder, wenn er über die Tiere schreibt, fügt der Schreiber hinzu, wohin Du, oh Gott, die Tiere gestellt hast, als wollte er mahnen, die göttliche Ordnung ja nicht zu übersehen.

So erschafft der Schöpfungsbericht beim Lesen ein Gefühl für Raum und Zeit, und wie wichtig sie sind für den Fortgang der vielfältig sich entwickelnden Welt. Außerdem vermag diese Erzählung von Deiner wunderbaren Schöpfung auch anzudeuten, wie viele Möglichkeiten in den geschaffenen Räumen von Ort und Zeit dem vielfältigen Leben für Entwicklung und Entfaltung geschenkt wurden.

Gott machte das Gewölbe und schied das Wasser unterhalb des Gewölbes vom Wasser oberhalb des Gewölbes. Und so geschah es.

Genesis 1,7 – Trennung der Wasser durch Gewölbe

Indem der Schreiber hier das Erschaffen des Gewölbes und des Scheidens der Wasser zweimal beschreibt, dadurch wird ebenfalls wieder der Entwicklungs-Charakter der Schöpfung deutlich: zuerst wird beschrieben, wie Du, oh Gott, ausgesprochen hast, wie das zu Werdende sich ausformen soll: *„Dann sprach Gott: Es werde..."*, hier wird in die Zukunft gesprochen.

Doch in dem jetzt hier oben stehenden Satz ist es nicht mehr von einem Vorhaben die Rede, sondern von einem Geschehen: „*Gott machte... und schied.... Und so geschah es.*"

Und Gott nannte das Gewölbe Himmel. Es wurde Abend und es wurde Morgen: zweiter Tag.

Genesis 1,8 – Namensgebung Himmel; zweiter Tag

Und wieder wird das Geschaffene benannt, zuerst nicht das Wasser, aber das Himmels-Gewölbe.
Hier scheint es sich um einen anderen Himmel zu handeln, als der am Anfang genannte Himmel, der dort als das absolute Gegenstück zur Erde aufgezeigt wird. Denn würde es sich, oh Herr und Gott, um den gleichen Himmel handeln, hättest Du ihn nicht noch einmal als Gewölbe zur Scheidung des Wassers bilden müssen.
Dieses Himmels-Gewölbe ist bereits ein begrenzter Himmels-Ausschnitt aus dem Ur-Himmel.
Wenn man darüber nachdenkt, erstaunt es, dass das Himmelsgewölbe als Leerraum einen Namen bekommt, so wie das Licht die Bezeichnung Tag und die Finsternis die Bezeichnung Nacht.
Wieder zeigt sich, dass Raum und Zeit besonders wichtig erscheinen: das Himmelsgewölbe steht für den Raum, Tag und Nacht stehen für die Zeit. Und erneut bezeichnet und zählt der Schreiber ausdrücklich den Tag der Schöpfung des Gewölbes als nun den zweiten Tag.
Erstaunlich erscheint mir, oh Herr, dass es immer heißt: „*Es wurde Abend und es wurde Morgen: zweiter Tag.*" Bedeutet es, dass der zweite Tag hier beendet ist, oder heißt es, dass jetzt der neue, der zweite Tag beginnt? Oder ist gemeint, dass ein Schöpfungs-Tag zur Neige ging, es dabei Abend wurde, und nach der Nacht, als es dann wieder zu dämmern anfing, der zweite Tag vollendet war?

Dann sprach Gott: es sammle sich das Wasser unterhalb des Himmels an einem Ort und das Trockene werde sichtbar. Und so geschah es.

Genesis 1,9 – Trennung Wasser und Trockenes

Wir wissen aus Forschungen, dass sich die Landmassen immer wieder verschoben haben, dass Meer dort wurde, wo vorher Land war, und dass Land dort auftauchte, wo zuvor Meer war. Auch tauchten nach Eiszeiten Länder unter den Eismassen, die ja aus Wasser bestehen, auf. Das Wasser floss dann, aufgetaut und flüssig in die Täler und den Meeren zu, es sammelte ich im Ozean.

Damals kannte man dieses Wissen nicht, und doch hat der Schreiber, der Deine Schöpfungs-Geschichte, oh Herr, aufgezeichnet hat, vielleicht eine Ahnung davon gehabt, dass auf Erden nicht immer alles so war, wie heute, dass die Länder und Meere sich wandeln. Wieder wird die Entwicklung der Schöpfung deutlich, die nicht von einem Moment zum anderen plötzlich hingesetzt ist, sondern die sich entfaltet und sich in immer mehr Vielfalt ausgestaltet. Ein großartiges Werk, ist Deine Schöpfung, oh Herr, staunenswert an allen Ecken und Enden und so vielfältig, dass sie nie zu Ende geschaut werden kann.

Und Gott nannte das Trockene Land und die Ansammlung des Wassers nannte er Meer. Gott sah, dass es gut war.

Genesis 1,10 – Namensgebung: Land und Meer

Und wieder, oh Herr, benennst Du das Geschaffene, und machst es damit allen, die der Sprache mächtig sind, zu eigen, um darüber zu sprechen, darüber nachzudenken, damit zu planen.
Und wieder sind es vor allem räumliche Bezeichnungen, die Du aussprichst, da Du sie als sich gegenseitig räumlich begrenzend wahrnimmst und benennst.
Und der Tag geht zu Ende, wieder spürt man den Zeitenlauf, als Du, mein Herr und mein Gott, für diesen Tag das Erschaffen beendest und das Geschaffene betrachtest. Und man ahnt die Zufriedenheit mit Deinem Werk, die gelassen und ruhig entsteht: „Gott sah, dass es gut war".

Dann sprach Gott: Die Erde lasse junges Grün sprießen, Gewächs, das Samen bildet, Fruchtbäume, die nach ihrer Art Früchte tragen mit Samen darin auf der Erde. Und so geschah es.

Nun kommt überraschend die Erschaffung von Grün und Samenpflanzen. Doch brauchen ja gerade alle grünen Pflanzen das Licht der Sonne, um wachsen und gedeihen zu können. Es ist doch kaum vorstellbar, dass dies die alten Israeliten nicht wussten. In vorindustrieller Zeit wurde die Natur doch sehr genau beobachtet, so dass es meiner Meinung nach ausgeschlossen werden kann, dass man dies nicht wusste.

Erstaunlich ist es, weil die Sonne erst nach den Pflanzen von Dir, oh Gott, erschaffen wurde. Allerdings gibt es ja schon Tag und Nacht.

Es gibt verschiedene Möglichkeiten, wie ich mir das erklären könnte.

Einmal könnten Textstellen im Laufe der Zeit umgestellt worden sein, so dass der heutige Schöpfungs-Bericht nicht mehr ganz der ursprüngliche ist, oder er wurde überhaupt aus mehreren Texten zusammengestellt.

Auffallend ist ja, dass das Licht zwei mal erschaffen wird. Meine Vorstellung dabei, oh mein Herr und Gott, ist, dass das erste Licht das Licht überhaupt ist, auch zusammen mit allen Wesenszügen, die man dem Licht seit alters her zuschreibt, wie „Licht der Erkenntnis", „Licht der Wahrheit", und so fort. Während das Licht der Sonne ein einfacheres Element der Schöpfung ist.

So könnte die Stellung an relativ später Stelle darauf hinweisen, dass das Licht der Sonne keine Gottheit ist, dass es nur ein Abglanz des wahren Lichtes ist. Dies klar zu stellen könnte mit Blick auf den Pharao Echnaton geschehen sein, der die Sonne als einzigen Gott verehrt hat. Er lebte etwa 1.400 vor Christus und begründete vermutlich mit seiner Gemahlin Nofretete eine neue, rein monotheistische Sonnenreligion. In einem „Sonnengesang" verehrt Echnaton die Sonne als Schöpfergott, und manches darin erinnert deutlich an den Schöpfungsbericht über Deine Schöpfung, oh Herr und Gott. So heißt es auch hier in einem kleinen Ausschnitt des Sonnengesangs des Echnaton, welcher der irdischen Sonne gilt:

„Wie unermesslich sind alle Deine Werke, ...
O Du einziger Gott,

Außer dem es keinen anderen gibt!
Du schufst die Erde nach Deinem Herzen,
Du einzig und allein.
Die Menschen, alles Vieh, groß und klein,
Alles was auf Erden ist,
Was einhergeht auf seinen Füßen,
Alles was hoch droben ist,
Was mit seinen Flügeln fliegt,
Die Länder Syrien und Nubien
Und das Land Ägypten,
Du setzest jedermann an seinen Platz
Und sorgst für seinen Unterhalt,
Und jeder hat seine Nahrung,
Und seine Lebenszeit ist berechnet...."
Aus: „Der Sonnengesang des Ech-en-aton", 5. Auflage, Weinstadt, Verlag
Heilbronn, Weinstadt 2005, S.7

Ist es denkbar, oh Gott, dass Du Echnaton und Nofretete schon etwas von Deiner Größe schauen ließest, aber dass die Zeit noch
nicht reif war, für Dich als Gott, der auf geistiger Ebene die Schöpfung vollzieht? Und könnte die getrennte Nennung von Licht überhaupt und dann von Sonnenlicht im Einzelnen ein Hinweis darauf
sein, dass unsere Sonne eben nicht ein welt-erschaffendes Wesen
ist, sondern dass Du, mein Herr und Gott, es bist, dass Du aber
nicht greifbar bist, nicht sichtbar, nur in Deinem Werk und in Deiner Liebe zu diesem Werk erkennbar und von Propheten gehört
und von Mystikern geahnt? Denn bestimmt kannte man in Israel
die Weltanschauungen der Ägypter. Und ein Prophet oder Schreiber, der Dich, oh Gott, in tieferer Weise verstehen konnte, dem
musste die Verehrung der Sonnenscheibe als Gotteslästerung erscheinen.

Es gibt für mich noch eine dritte Möglichkeit der Erklärung, die
aber vielen vermutlich zu unwahrscheinlich vorkommt. Ich möchte
sie trotzdem erwähnen.
Wenn Du, oh Herr, in einer Vision dem Schreiber einen Einblick in
Dein Schöpfungswerk gegeben hättest, dann wäre es auch denkbar,
dass er Leben auf ganz anderen Planeten erblickte, dass er erkann-
te, dass Licht und Leben nicht nur auf Erden bestehen. Es könnte
Galaxien mit Sonnensystemen und Leben auf geeigneten Planeten

geben, die lange vor unserer Erde und unserer Sonne entstanden wären. Auf diesen fernen Welten könnte es auch pflanzliches Leben geben, das der Schreiber in seiner Vision erblickt hat, so dass für ihn Pflanzen und Grün bereits vor unserer Sonne bestanden. Aber ob es so war, und ob der Schreiber der Genesis tatsächlich eine so genaue Vision hatte, dies werden wir nie mit Sicherheit wissen.

Ein anderer kritischer Punkt bei dieser Schöpfungs-Beschreibung ist, dass die Land-Pflanzen vor dem Leben im Meer auftauchen, da die Evolutionslehre inzwischen den Ursprung des Lebens im Meer sieht. Ist das ein naheliegender Irrtum, der nicht anders sein konnte, in der damaligen Zeit und mit den damaligen Kenntnissen? Oder, mein Gott, könnte es auch hierfür – wenn auch vielleicht doch weit hergeholt – auch eine mögliche Erklärung geben?

Das Leben entstand nach heutigem Forschungsstand im Meer. Aber nicht die Tiere waren die ersten Lebewesen. Es gab noch keinen Sauerstoff. Diesen Sauerstoff bildeten über lange Zeiträume erst einmal die Cyanobakterien – früher nannte man sie Blaualgen, aber inzwischen weiß man, dass es keine Algen sondern Bakterien sind. Sie zählen mit 3,5 Milliarden Jahren seit ihrer Entstehung zu den ältesten Lebewesen überhaupt. Sie sind zwar bläulich, aber wie die Grünpflanzen sind sie in der Lage, durch die Fotosynthese mit Hilfe von Licht, den Sauerstoff zu bilden. Und sie waren es, die die Erdatmosphäre mit Sauerstoff angereichert haben, den es vorher kaum verfügbar gab. So konnten Tiere, die ja Sauerstoff zum Atmen brauchen, überhaupt erst entstehen, nachdem die Cyanobakterien riesige Mengen Sauerstoff in die Atmosphäre gebracht hatten.
So ist das grüne Chlorophyll der Pflanzen mit der Besiedelung der Erde verwurzelt, und es klingt aus dieser Sicht schon nicht mehr so falsch, wenn „Grünpflanzen" im Schöpfungsbericht als erste Lebewesen auf Erden genannt werden.
Denn vielleicht meinte der Schreiber in diesem Zusammenhang nicht nur Grünpflanzen an Land, sondern auch die Blaualgen oder Cyanobakterien. Natürlich konnte er das nicht beschreiben, denn niemand kannte damals Bakterien, und niemand wusste um den Sauerstoff aus der Fotosynthese.
Denkbar wäre auch, dass das Leben aus dem All auf unsere Erde

kam, und zwar durch Pflanzensamen oder Blaualgen. Bereits jetzt hat man festgestellt, dass mit Meteoriten auch bisweilen Bausteine des Lebens aus den fernen Weiten des Universums zu uns kommen. Vielleicht ist das Ur-Leben tatsächlich schon viel früher als auf Erden an anderen Orten entstanden und kam als Bakterie oder Same oder als reine DNA-Bausteine zu uns. Der Schöpfungs-Bericht nennt ausdrücklich Samen- und Frucht-bildende Pflanzen, die Samen und Früchte „nach ihrer Art" enthalten und damit die DNA. Sie dienen der Vermehrung und gleichzeitig der Ausbreitung. Könnte die Nennung von Samen- und Frucht-bildenden Pflanzen vor der Erschaffung der irdischen Sonne und ihres Lichtes ein versteckter Hinweis sein, dass das Leben über Pflanzen-DNA von außen auf unsere Erde kam und schon vor Erde und Sonne im Universum vorhanden war? Du, oh Gott, allein weißt es.

Vielleicht könnte es sein, dass Du, mein Herr und mein Gott, vielleicht dem Schreiber dieses Wissen schauen ließest oder wenigstens ahnen? Mir ist bewusst, dass dies ebenfalls nicht sehr wahrscheinlich klingt. Mögest Du mir bitte, oh Herr, solche unwissenden Überlegungen verzeihen. Und immerhin zeigen sie, dass der Schöpfungsbericht der Genesis nicht unbedingt als so überholt gelten muss, wie er von manchen angesehen wird. Bei Dir, oh Gott, ist vieles möglich.

Die Erde brachte junges Grün hervor, Gewächs, das Samen nach seiner Art bildet, und Bäume, die Früchte tragen mit Samen darin nach ihrer Art. Gott sah, dass es gut war. Es wurde Abend und es wurde Morgen: dritter Tag

Genesis 1,12-13 – Grün, Bäume; dritter Tag

Hier wird wiederum die Schöpfungstat aus dem vorherigen Satz bestätigt, oder genauer gesagt: ausgeführt. Auch hier wird der Zeitraum deutlich, den Du, oh Herr, für die Erschaffung brauchst:

„*Dann sprach Gott*"
Danach werden die Anordnungen geschildert
„*Und so geschah es*"
„*Die Erde brachte junges Grün hervor...*"
„*Gott sah, dass es gut war:*"

Heutzutage haben viele Menschen, oh Herr, Schwierigkeiten, den Schöpfungsbericht mit der wissenschaftlichen Entdeckung der Evolution zu verbinden. Doch nur, wenn man den Schöpfungsbericht wortwörtlich nimmt, dann gibt es Probleme.

Doch wenn man ihn symbolisch für die Entwicklung über lange Zeiträume betrachtet, und wenn man auch noch zugesteht, dass man vieles noch nicht kannte, aber der Schreiber trotzdem spürte, dass er etwas ahnte und ausdrücken wollte, dann ist der Schöpfungsbericht ein genialer Text, mit dem man über Dein Werk, oh Herr, berechtigt staunen kann.

Der Schöpfungsbericht beweist nicht Deine Existenz, mein Gott, doch er widerlegt sie auch nicht. Zu Dir kann ich nur durch den Glauben finden. Aber wenn ich an Dich glaube, dann erscheint mir der Schöpfungsbericht auch zumindest als Hinweis, wie ich mir Entstehung der Welt aus religiöser Sicht vorstellen kann – und ich habe dabei überhaupt keine Probleme mit wissenschaftlichen Aussagen, da gibt es keine tiefgreifenden Widersprüche. Voraussetzung ist, dass ich die Worte des Schreibers als symbolische Worte nehme für etwas, das man nur ahnen, nur andeuten kann, und das unseren menschlichen Verstand übersteigt. Ich jedenfalls, oh Herr, bin dankbar für diesen wunderbaren Schöpfungsbericht, der mir zwar keine wissenschaftlichen Auskünfte gibt, der aber meine Seele berührt und mich spüren lässt, dass in diesen Worten eine tief liegende Wahrheit verborgen ist.

Dann sprach Gott: Lichter sollen am Himmelsgewölbe sein, um Tag und Nacht zu scheiden. Sie sollen als Zeichen für Festzeiten, für Tage und Jahre dienen. Sie sollen Lichter am Himmelsgewölbe sein, um über die Erde hin zu leuchten. Und so geschah es. Gott machte die beiden großen Lichter, das große zur Herrschaft über den Tag, das kleine zur Herrschaft über die Nacht, und die Sterne. Gott setzte sie an das Himmelsgewölbe, damit sie über die Erde leuchten, über Tag und Nacht herrschen und das Licht von der Finsternis scheiden. Gott sah, dass es gut war. Es wurde Abend und es wurde Morgen: vierter Tag

Genesis 1,14-19 – Lichter, Rhythmisierung der Erden-Zeit; vierter Tag

Und nun, oh Herr, erschaffst Du uns nicht nur das Ur-Licht an und für sich, sondern Du lässt die Lichter entstehen, die unsere ganz persönliche Erde erhellen, den Ort und Raum, wo wir leben. Und auch uns hier auf Erden wird die Zeit zugeteilt, sie wird im steten Wechsel von Tag und Nacht erfahrbar. Ein Wechsel, der in seiner Dauer ein einzelnes Leben weit überragt, der unsere Vorfahren vor Urzeiten begleitet hat, und der auch aller Voraussicht nach weit über unser persönliches Leben hinaus bestehen wird, und den wir Menschen weder erdacht noch eingerichtet haben. Dies ist Dein erstaunliches und wunderbares Werk, mein Herr und mein Gott. Wie großartig bist Du und wie voller Wunder Deine Schöpfung.

Nun hat das Licht einen Ort, das Ur-Licht war noch ohne Stelle am Himmel, es rief nur die Zeit ins Dasein. Doch jetzt werden Lichter auf das Himmels-Gewölbe gesetzt und haben somit einen ihnen zugedachten Ort. Und es ist nicht mehr das umfassende Ur-Licht, das Licht an sich, das Du hier ins Dasein bringst, sondern Du, oh Herr, sprichst nun von Lichtern in der Vielzahl.

Und das Dasein der Lichter teilt nun nicht mehr nur in die Grundgegensätze von Licht und Finsternis, von Tag und Nacht, sondern die Begrenzungen werden in Zeit-Räume verschiedener Größe eingeteilt. Und wir haben uns so daran gewöhnt, dass diese Tat für uns so selbstverständlich ist, dass es scheint, als könnte es gar nicht anders sein: die durch die Lichter erkennbaren Zeit-Räume, oh großartiger Gott, sind ineinander gelegt: die Tage sind im Jahr aufgehoben, und ebenso die Zeit-Räume der Festzeiten (Festzeiten könnten nicht nur menschliche Festzeiten sein, sondern feste Zeiten, wie der Monat mit Vollmond und Neumond, das Aufbrechen der Zugvögel, usw.). Der kleinere Raum ist „reibungslos" und verlustlos eingefügt in den größeren.

Es könnte durchaus auch anders sein: es könnte Bereiche geben in unserem Kosmos, in der die Zeiten nur in Tage eingeteilt sind, und andere, in denen nur Jahre wahrnehmbar sind. Das wäre zu Ende, wenn der Mensch die Uhr erfunden hätte? Nein, die Uhr ist ja auch nur sinnvoll, weil Zeit-Räume beliebig klein ineinander geborgen sind: das Leben in die Jahre, die Jahre in die Monate, die Monate in die Tage, diese in Stunden, Minuten und Sekunden und im atomaren Bereich in Bruchteile der Sekunden. Das Erstaunliche in unserem von Dir, oh Gott, erschaffenen Dasein, ist diese Möglichkeit, unterschiedliche Zeit-Räume ineinander zu verschachteln. Es wäre aber denkbar, dass Zeit-Räume nur einfach begrenzbar sind, eben nur als Jahr oder Woche oder Tag. Doch so, wie es von uns voneinander isoliert und begrenzt wahrgenommene Zeit-Räume gibt (z.B. die Arbeitszeit an einem Tag und ein Vormittag im Urlaub), die nur einzeln in der Erinnerung festgehalten werden, so könnte es auch grundsätzlich nur bestimmte Zeit-Räume geben, die nicht in der großen, umfassenden Zeit aufhoben sind. So könnte es eine Welt geben, die starr für eine Stunde besteht, sich nicht verändert und dann verschwunden ist. Eine andere Welt besteht auf diese Weise ein Jahr.

Doch es ist wunderbar, mein Gott, wir sind in der einen großen Zeit aufgehoben, und sie kann für die vielfältigsten Ereignisse von gigantischen Zeiträumen bis zu kleinsten Bruchteilen von Sekunden eingeteilt und mit Ereignissen gefüllt werden, ohne dass der große, alle Zeit umfassende Rahmen verschwindet. Und die Ereignisse können sogar an vielen verschiedenen Zeit-Räumen Anteil haben: Mein Leben als Ganzes umschließt meine Kindheit, meine Schulzeit, meine Studienzeit, meine Zeit der Arbeit, aber gleichzeitig gibt es den Zeit-Raum des Lernens, das sind Schule und Studienzeit zusammen, aber auch Arbeitszeiten müssen nicht haarscharf an das Studium anschließen, sondern können in die Studienzeit und vielleicht sogar schon in die Schulzeit hineinreichen, wenn ich gejobbt habe. Die Zeit als Mutter kann sich mit Zeiten des Arbeitens teilweise überschneiden. Und so kann man die Zeit-Räume nahezu unendlich unterteilen, im eigenen Leben, genauso wie bei Mikrostrukturen und im kosmischen Bereich – und alles ist in dem einen großen Zeit-Raum des universalen Daseins aufgehoben.

Wie wohlgeordnet und doch zugleich so viele Freiheiten gewährend hast Du, oh Herr und Gott, diese Welt geschaffen.

Und was für die Zeit gilt, das ist auch für den Raum zu erkennen. Räume können ganz verschieden begrenzt werden, und können ineinander verwoben sein. Sie können getrennt sein, wie ein Haus von einem anderen, oder ineinander liegen, wie die Wohnung im Haus. Doch durch Deinen Willen, oh Herr, ist alles aufgehoben in dem einen großen Raum des Universums.

Es ist denkbar, dass Du, oh Herr, mit Deiner Macht noch mehr

Universen geschaffen hast, Universen mit einer anderen Zeit und in einem uns nicht zugänglichen Raum. Doch das ist für uns hier ohne Bedeutung, wunderbar ist, wie groß Du die Raumzeit unseres Universums geschaffen hast, mit diesen unübersehbaren Möglichkeiten darin, mit einer Vielfalt, die unser Geist nicht mehr sich vorstellen kann.

Und Du hast in dem Universum, das wir erleben, alles Körperliche gemeinsam fest an den „Jetzt-Zeitpunkt" geknüpft, nichts davon geht verloren in eine Vergangenheit oder Zukunft, die nicht „jetzt" sind. Auch das ist für mich keineswegs selbstverständlich. Vielleicht sind ja die Dunkle Materie und die Dunkle Energie, die die Astrophysik meint feststellen zu können, in einem anderen Zeitlauf beheimatet, möglicherweise nahe unserem Zeitenlauf, aber doch weit genug entfernt, dass wir sie nur indirekt wahrnehmen können. Wer weiß schon, was Dein umfassender und alles durchdringender Geist, oh Herr und Gott, alles hervorgebracht und erschaffen hat.

Aufgefallen ist mir noch, mein Gott, dass zwar unser Körper an den Jetzt-Zeitpunkt gebunden ist, dass aber unser Geist darüber hinaus schauen kann. Wir erinnern uns, und wir schauen hoffend, planend, und mit den verschiedensten Gefühlen verbunden in die Zukunft. Sind wir mit dieser geistigen Fähigkeit Dir, oh Herr, vielleicht ein wenig ähnlich? Doch Du vermagst aus dem Nichts zu schaffen und zu bilden, wir können nur unsere Fantasie mit dem ausstatten, was wir in der wirklichen Welt erfahren und erlebt haben. Wir können diese Erfahrungen neu und andersartig verbinden – aber wir können kein Dasein aus dem Nichts emporheben. Das bleibt alleine Deinem genialen und so unbegreiflichen Geist vorbehalten. Groß und mächtig und gewaltig bist Du, oh Herr, und so wunderbar Deine Schöpfung.

Du hast die Ur-Zeit und den Ur-Raum für unser Dasein darin erschaffen. Und als ich eben den heute neu erhaltenen berauschenden Bildband „Genesis" von dem berühmten Fotografen Salgado betrachtete, fiel mir folgende Formulierung ein: Raum und Zeit sind Leerheiten oder Leerräume, die sich in die Schöpfung ergießen, um den Raum und die Zeit teilbar werden zu lassen, und in ihnen die zunehmende Vielfalt des Daseins zu beherbergen.
Und Du, mein Herr und Gott, hast die begrenzten Zeit-Räume und

Raum-Räume und die Vielfalt ihrer ineinander geschachtelten Möglichkeiten eingerichtet und dem Dasein zur Verfügung gestellt. So ist es, wenn auch unbegreiflich für unseren begrenzten Geist, für mich glaubwürdig, dass Du mit Deinem unendlichen Geist alles erkennst, alles siehst, und überall gegenwärtig bist. Und doch lässt Du uns auch Freiheiten, zu entscheiden, welche Wege wir in dieser Welt gehen. Du siehst uns, aber Du schreibst uns nicht alles vor. Wir müssen den körperlichen und energetischen Naturgesetzen folgen, aber wir können auch freie Entscheidungen treffen.

Immer wieder kann ich nur staunen, wie Du, oh Herr, es vermagst, Gegensätzliches in einen Zusammenhang zu stellen, so dass daraus Vielfalt und Lebendigkeit erwachsen. So hast Du die Welt auch mit Festgelegtheit und mit Offenheit geschaffen, so sind wir Menschen eingebunden in den zuverlässigen Halt Deiner Natur-Gesetze, und können doch mit unserem Geist Freiheiten schauen und in Entscheidungs-Freiheit erleben. Dafür danke ich Dir mit ganzem Herzen, mein Herr und mein Gott.

Nun sind also die Lichter zum Einteilen der Zeiten erschaffen. Doch auch die eingeteilte Räumlichkeit des Daseins wird deutlicher sichtbar: *„Sie sollen Lichter am Himmelsgewölbe sein, um über die Erde zu leuchten."*
Es wird mehrfach Raum erfahrbar in diesem Satz: Der Himmel ist ein Gewölbe, die Lichter leuchten über die Erde hin, das veranschaulicht, dass Licht durch den Raum strahlt, über den Raum hinweg seinen Weg bis zum nächsten festen Körper nimmt. Das „Leuchten", das Strahlen lässt auch wieder Zeit ahnen, denn Leuchten ist kein blitzartiger Vorgang, sondern mit dem Wort verbindet unser Geist eher einen anhaltenden Vorgang. Und auch die Erde wird allmählich eindeutiger und als besonderer Ort für weitere Entwicklungen wahrnehmbar. Denn, wenn etwas, wie hier die Erde, beleuchtet wird, so ist es in unseren Augen sichtbar, erkennbar, schält sich aus dem Dunkel als wirklicher Körper heraus. Wie staunenswert und wunderbar hast Du, oh Gott, im Schöpfungs-Bericht das Werden beschrieben.

Und den Lichtern wird noch eine Aufgabe zugeteilt: sie herrschen, sie herrschen abwechselnd über Tag und Nacht:
„Gott machte die beiden großen Lichter, das große zur Herrschaft über den Tag, das kleine zur Herrschaft über die Nacht, und die

Sterne. "

Ahnte der Schreiber schon, dass die Sonne so viel größer und mächtiger ist, als unsere kleine Erde, dass die Sonne tatsächlich über die Erde „herrscht", nicht nur mit ihrem energiespendendem Licht, sondern dass die Anziehungskraft der Sonne uns auf der Erde in einem Jahr um die Sonne kreisen lässt? Und es ist das Sonnenlicht, das unserem Leben die Kraft gibt, zu wachsen, sich zu bewegen und den Geist einzusetzen. Die Sonne ist wahrhaft eine Herrscherin über uns – und doch ist sie Dir unterstellt, läuft ihren Lauf, weil Du es so angeordnet hast.

Und der Mond, unser Herrscher der Nacht? Er ist neben der Erde das größte Gestirn in unserer Nähe. Er zieht das Wasser der Ozeane in Flut und Ebbe hin und her, und nach altem Wissen, wachsen Pflanzen und Bäume unter dem wechselnden Einfluss des Mondes unterschiedlich. In alten Zeiten, als man außer Kerzen und Kienspan kaum Lichter in der Nacht hatte, war das Mondlicht das einzige größere Licht, das die Welt außerhalb des Hauses erleuchten konnte.

Die Sterne üben keine merkliche Herrschaft über unseren Alltag aus, und doch kreisen wir mit Myriaden anderer Sonnen und Planeten gemeinsam um den Kern der Milchstraße. Doch davon hätte der Schreiber damals nicht erzählen können, keiner hätte ihm geglaubt. Doch immerhin waren dem Schreiber die Sterne, diese kleinen Lichter, wichtig genug, um sie zu nennen. Die Menschen scheinen seit jeher von diesen kleinen leuchtenden Pünktchen tief beeindruckt zu werden, obwohl sie kaum mehr zu sein scheinen, als ein paar Glühwürmchen am Himmelsgewölbe. Vielleicht, oh Herr, hast Du uns Menschen eine Ahnung eingepflanzt, dass diese Sterne so viel mehr sind, so viel größer, als wir jemals uns vorstellen können.

„Gott sah, dass es gut war. Es wurde Abend und es wurde Morgen: vierter Tag. "

Und wieder ist ein Tag der Schöpfung vergangen. Die Aufzählung der Schöpfungs-Tage hat etwas Beruhigendes, Vertrauen erweckendes. Und Du, oh Gott, prüfst stets Dein Werk, damit es auch gelinge. Und nach dem vergangenen Schöpfungs-Tag bricht ein weiterer an.

Wir atmen den Duft des anbrechenden Morgens, die Frische und Offenheit des neuen Tages, der wieder neue Schöpfungen und weitere Vielfalt mit neuen sich eröffnenden Möglichkeiten und Freiheiten entfaltet.

Und aus dieser Vielfalt der Möglichkeiten heraus entfaltet sich das Leben.

Wie kann man nur denken, dem Schöpfungsbericht sei das evolutionäre Werden fremd, wo doch immer wieder die Entwicklung im Lauf der Zeiten betont wird. Ich kann spüren, wie sich das Gegebene in die Möglichkeiten hinein entfaltet und ordnet und dabei immer neue Möglichkeiten zur Verwirklichung sich auftun. Oh mein Herr und mein Gott, ich liebe den Schöpfungsbericht, den Dein Schreiber unter Deiner visionären Anleitung aufgezeichnet hat.

Dann sprach Gott: Das Wasser wimmle von Schwärmen lebendiger Wesen und Vögel sollen über der Erde am Himmelsgewölbe fliegen. Und Gott erschuf die großen Wassertiere und alle Lebewesen, die sich fortbewegen nach ihrer Art, von denen das Wasser wimmelt, und alle gefiederten Vögel nach ihrer Art. Gott sah, dass es gut war. Gott segnete sie und sprach: Seid fruchtbar und mehrt euch! Füllt das Wasser im Meer und die Vögel sollen sich auf Erden vermehren. Es wurde Abend und es wurde Morgen: fünfter Tag.

Genesis 1,20-23 – Wassertiere und Vögel, Vermehrung; fünfter Tag

Nachdem Du, oh Herr, den Lichtern und dem Raum und der Zeit ihre genauen, aber weiter teilbaren Bereiche zugewiesen hast, und die Pflanzen Sauerstoff und Nahrung für die Tiere bereitet haben, da erschaffst Du die Tierwelt.

Doch auch hier, oh Gott, findet sich wiederum Erstaunliches, und auch Fragen entstehen.

Erstaunlich finde ich, dass als erstes Wassertiere und Vögel genannt werden. Ist es wirklich damals naheliegend gewesen, dass das Leben zuerst im Meer entstand, und nicht an Land? Die Forschungen bestätigen diese Reihenfolge heute.

Aber die Vögel sind laut Evolutionslehre erst nach den Landtieren gekommen. Doch die Vögel sind nach neueren Forschungen vermutlich Nachkommen der Dinosaurier. Der fossile Archaeopteryx ist ein Dinosaurier, hat aber bereits etliche Vogelmerkmale. Allerdings sind die Forscher noch unterschiedlicher Meinung, ob er eindeutig der Vorfahre der Vögel ist, oder nicht. Wenn es aber so wäre, oh mein Herr und Gott, dann könnte man die Vögel als in Vielzahl Überlebende aus der Dinosaurierzeit ansehen, während es unter den reinen Landtieren nur einige wenige Nachfahren gibt, wie z.b. Echsen, die Ähnlichkeiten mit Dinosauriern aufweisen. So könnte man die vielfältigen und häufigen Vogelarten vielleicht doch als in ihrer Gesamtheit als die älteren Tiere vor den Landtieren und den nicht mehr eier-legenden Säugetieren ansehen.

Dies ist wiederum nur eine denkbare Möglichkeit, weswegen der Schreiber die Vögel vor den Landtieren nennt. Beweisen wird man das nie können, aber ich finde, man sollte auch nicht übersehen, dass diese Möglichkeit vorhanden ist, und dem Schreiber vielleicht von Dir, oh Gott, es ihm gegeben wurde, etwas über die Evolution zu ahnen, oder dass er Visionen empfing, oder den Wortlaut von Dir eingegeben bekam.

Die Lebewesen im Wasser beschreibt die Schöpfungsgeschichte sehr treffend: *„Das Wasser wimmle von Schwärmen lebendiger Wesen"* und *„die großen Wassertiere und alle Lebewesen, die sich fortbewegen nach ihrer Art, von denen das Wasser wimmelt."*

Es werden die großen Schwärme genannt, bei denen wir an die dichten Fischschwärme denken, aber auch die großen Wassertiere werden erwähnt, da könnte man sich z.B. Wale vorstellen, und weil das Wasser noch viel mehr Lebewesen enthält, vielleicht in den Tiefen des Ozeans solche, die wir noch gar nicht entdeckt haben, wird noch hinzugefügt: „und alle Lebewesen, die sich fortbewegen nach ihrer Art" - hier werden die Lebewesen nach der Fortbewegung in Arten unterschieden, eine durchaus sinnvolle Vorgehensweise. So hast Du, oh Herr und Schöpfer dem Schreiber der Genesis eine geniale Beschreibung über die Vielfalt des Lebens im Wasser mit ganz wenigen Worten nahe gelegt.

Und wieder ist hier eine Verdeutlichung des vor Ort anwesenden Wassers spürbar. Es heißt als erstes nicht: „Im Wasser wimmeln...", so als ob das Wasser nur eine nebensächliche Beschreibung wäre, sondern da steht: „Das Wasser wimmle...".

Besonders den Vögeln wird ein genauer Ort zugewiesen: „Vögel sollen über der Erde am Himmelsgewölbe fliegen."

Und wieder ist der zeitliche Ablauf deutlich: *„Gott sprach...",*

Und „Gott erschuf...", „Gott sah, dass es gut war:"

Und erst als Du, Herr und Gott, alles für gut befunden hast, gabst Du die Anweisung: *„Seid fruchtbar und mehrt euch! Füllt das Wasser im Meer und die Vögel sollen sich auf Erden vermehren".* Wäre nicht alles gut, wäre die Vermehrung nicht wünschenswert. Aber auch evolutionär haben sich diejenigen Arten anhaltend vermehrt, die „gut" ausgestattet waren für das Leben auf Erden. Die Vögel sollen sich auf „Erden" vermehren: vielleicht klingt da mit an, dass sie zwar im Himmelsgewölbe fliegen, aber ihre Eier auf die Erde legen.

Interessant erscheint mir, oh Herr, auch, dass Du zwar die Tiere anweist, sich zu vermehren, aber nicht die Pflanzen. Die Pflanzen können gar nicht anders, als zu blühen und zu fruchten und Samen zur Vermehrung hervorzubringen. Tiere müssen sich aktiv suchen und finden und bereit sein, zusammen zu kommen. Und viele Jungtiere brauchen noch die Fürsorge der Eltern. Hier müssen also die Tiere bereit sein zur Vermehrung.

Die Anweisung zur Vermehrung ist noch Teil der Schöpfung, aber die Vermehrung selbst wird nun den Geschöpfen überlassen. Sie haben jetzt die Begabung, dass sie selbst Nachkommen hervorbringen können. Hier hast Du oh Herr, etwas von Deiner Schöpfungsmacht abgegeben und der Freiheit der Lebewesen übergeben. Dass Du dennoch weiterhin alles Geschehen, alles Werden und Vergehen auf Erden siehst und begleitest, daran glaube ich.

Und wieder streicht die Zeit vorbei: *„Es wurde Abend und es wurde Morgen: fünfter Tag."*

Dann sprach Gott: Die Erde bringe Lebewesen aller Art hervor, von Vieh, von Kriechtieren und von Wildtieren der Erde nach ihrer Art. Und so geschah es. Gott machte die Wildtiere der Erde nach ihrer Art, das Vieh nach seiner Art und alle Kriechtiere auf dem Erdboden nach ihrer Art. Gott sah, dass es gut war.

Genesis 1,24-25 – Vieh, Kriechtiere, Wildtiere

Und nun nähert sich Deine Schöpfung, oh Herr und Gott, schon allmählich dem Erscheinen des Menschen. Die Landtiere werden erschaffen, nach Wassertieren und Vögeln besteigt das Leben nun nicht nur Wasser und Lüfte, sondern auch den Erdboden, dort, wo die Schwerkraft das Vorwärtskommen mühsam macht und anfangs wohl nur Kriechtiere den Wechsel zum Land schafften. Die Reihenfolge der Aufzählung wechselt, sie soll wohl vor allem die Vielfalt betonen. Unter „Vieh" sind vermutlich die Haus- und Herdentiere des Menschen gemeint.

Es ist die Erde, die nach den Worten der Schöpfungsgeschichte die Landlebewesen hervorbringt. Das kann einmal bedeuten, oh Gott, dass diese von den Früchten der Erde leben – denn kein Tier lebt ohne dass es Pflanzen zur Nahrung vorfindet, oder stattdessen andere Tiere als Nahrung, die wiederum von Pflanzen gelebt haben. Oder es kann bedeuten, dass unser Planet Erde als Ganzes gemeint, die Landtiere hervorbringt. Oder es könnte auch grundsätzlich darauf hinweisen, dass das Feste, das Materielle, dass die Ur-Erde, dass sie den Grund gibt, auf dem sich das Lebendige, das Bewegliche entfalten lässt.

Und hier schaust Du, oh Herr und Schöpfer, schon vor Tagesende, ob alles gut ist, um es für wohlgeraten zu befinden. Denn Du hast noch vor, am gleichen Tage die Menschen zu erschaffen, die über die Tierwelt „walten" sollen.

Dann sprach Gott: Lasst uns Menschen machen als unser Bild, uns ähnlich! Sie sollen walten über die Fische des Meeres, über die Vögel des Himmels, über das Vieh, über die ganze Erde und über alle Kriechtiere, die auf der Erde kriechen. Gott erschuf den Menschen als sein Bild, als Bild Gottes erschuf er ihn. Männlich und weiblich erschuf er sie.

Genesis 1,26-27 – Menschen Gott ähnlich, sie walten über die Tiere

Und noch am gleichen Tage, oh Herr, vollendest Du Dein letztes und größtes Werk auf Erden: den Menschen. Und mit einer geradezu ungeheuerlichen Eigenschaft stattest Du ihn aus: „Lasst uns den Menschen machen als unser Bild, uns ähnlich!". Doch ist auch zu beachten, dass Du uns, oh Schöpfergott, nur Dir ähnlich gebildet hast, bildlich ähnlich, aber nicht gleich, und ohne eine Schöpfermacht, die aus dem Nichts erschaffen kann oder Naturgesetze formen. Doch Du hast uns durchaus mit Schaffensmacht und Schaffenskraft ausgestattet, allerdings nur innerhalb Deiner Naturgesetze, die wir nicht die Macht haben, zu übertreten oder zu ändern, zusammen mit den Erscheinungen, die Du in das Dasein gehoben hast. Wir können mit unserem Willen weder Raum noch Zeit, noch Materie oder Energie erschaffen, wir können Materie und Energie verändern, können Raum umgrenzen, Zeit begrenzen, wir können umformen und das von Dir Erschaffene für uns einsetzen, aber wir können diese Ur-Elemente nicht hervorbringen. So ist unsere Schaffenskraft ein schwächeres Bild Deiner Ur-Macht. Und so wie ein Bild vom Künstler geschaffen ist, so sind auch unsere Fähigkeiten nicht aus uns selbst erstanden, sondern die Voraussetzungen dafür wurden von Dir gegeben, Du hast quasi Bild, Pinsel, Malgrund und Motiv geliefert, und wir können jetzt das Bild – unser eigenes Bild - in diesem Rahmen gestalten. Doch der Ur-Gestalter bist nur Du, mein Herr und Schöpfergott, selbst nicht geschaffen, sondern anwesend und machtvoll aus Dir selbst, über Zeit und Raum hinaus.

Die Schöpfung ist ein Bild Deiner Schöpfungsmacht, aber sie ist nicht selbst diese Macht. Und unser schaffender Geist ist ein Bild Deines Schöpfergeistes, aber er ist nicht selbst Dein Schöpfergeist. Den wahren Ursprung all der Macht und den frei schaffenden Geist, der Dir, oh Herr und allmächtiger Gott innewohnt, die können wir erst im Leben nach dem Tode bei Dir schauen und vielleicht begreifen. Heute, in unserem irdischen Leben können wir dies nur ahnen, durch die Bilder, die Du in Deinem Werk geschaffen hast.

Doch nicht nur mit den Fähigkeiten unseres Geistes, mit welchem wir unsere Umwelt gestalten können, sondern auch mit der Verantwortung über die Tierwelt hast Du, oh Gott, uns eine bildliche Ähnlichkeit mit Dir geschenkt. Denn es heißt, wir sollen: *„walten über die Fische des Meeres, über die Vögel des Himmels, über das Vieh, über die ganze Erde und über alle Kriechtiere, die auf der Erde kriechen."*
Indem wir über die Tiere walten und herrschen, zeigt sich auch, dass Du uns Menschen mit einem weitreichenden Geist ausgestattet hast, wir können mehr Zusammenhänge erkennen, als die Tiere, wir können Werkzeuge herstellen und umfangreiche Planungen vornehmen und umsetzen, wir überblicken und ordnen.
Doch während Du über die ganze Schöpfung waltest, auch über

die Naturgesetze, alle Räume, alle Zeiten, alle Energie und alle Materie, so müssen wir diese Elemente als gegeben annehmen und bejahen und diese nutzen.

Um noch einmal zu verdeutlichen, dass die Menschen Abbild sind, heißt es erneut: *„Gott erschuf den Menschen als sein Bild, als Bild Gottes erschuf er ihn.“* Und gleich darauf folgt: *„Männlich und weiblich erschuf er sie.“.* Hier taucht eine neue Gegensätzlichkeit auf, die Du, oh Schöpfergott, auch in fast der ganzen lebendigen Schöpfung angelegt hast: Männlich und weiblich: beides sind Menschen, aber sie sind verschieden, und können auch verschiedene Aufgaben übernehmen, bei der Zeugung von Nachkommen angefangen.

Ob die Satz-Aufeinanderfolge von Gottesbildlichkeit der Menschen und der Unterscheidung der Menschen in männlich und weiblich darauf hinweist, dass Du, oh Herrscher des Universums, dass Du sowohl männlich als auch weiblich bist, dass Du beides in Dir vereinst? Diese Frage wird wohl offen bleiben.

Die Nennung von Mann und Frau am Ende der Schöpfungs-Geschichte verbindet sich aber auch in unserem Geist mit der Vorstellung von Beziehung, von Miteinander und auch von Liebe. Ich vermute, dem Schreiber war diese gedankliche Verbindung bewusst, und dass er annahm, die Leser würden es auch so erkennen.

Was für ein schöner Abschluss für Deine Schöpfung, mein Herr und mein Gott, Du hast die Möglichkeit des gemeinsamen Erlebens und der Liebe geschaffen, und sie ist hier angedeutet.

Gott segnete sie und Gott sprach zu ihnen: Seid fruchtbar und mehrt euch, füllt die Erde und unterwerft sie euch und herrscht über die Fische des Meeres, über die Vögel des Himmels und über alle Tiere, die auf der Erde kriechen! Dann sprach Gott: Siehe, ich gebe euch alles Gewächs, das Samen bildet auf der ganzen Erde, und alle Bäume, die Früchte tragen mit Samen darin. Euch sollen sie zur Nahrung dienen.

Genesis 1,28-29 – Menschen sollen über Tiere herrschen und Pflanzen dienen als Nahrung

Nun werden die Menschen beauftragt. Und, oh Herr, hier bringst Du ein ganz neues Element in Deinen Schöpfungs-Vorgang: den

Segen. Nur die Menschen – und später den siebten Tag, den geheiligten Tag der Ruhe – segnest Du. Spiegelt sich darin die Verantwortung der Menschen für Deine Schöpfung auf der Erde? Segnet man nicht oft besonders jene Menschen, die eine verantwortungsvolle Aufgabe übernehmen?

Auffallend ist, dass Du bei den Menschen nicht inne hältst, um sie zu begutachten, es heißt über ihre Erschaffung nicht wie bei allen anderen Werken: „Gott sah, dass es gut war". Liegt es an der Gottes-Bildlichkeit des Menschen, erschien der Mensch in seiner Gottähnlichkeit von sich aus als gutes Werk?

Jedenfalls bekommen wir Menschen, von Dir, oh Herr, sofort Aufträge: wie die Tiere sollen wir fruchtbar sein und uns mehren – hier klingt an, dass die Möglichkeit der Fruchtbarkeit noch nicht bedeutet, dass die Menschen sich tatsächlich mehren, dieser Auftrag wird noch eigens genannt.

Und anschließend wiederholt der Schreiber den Auftrag, über die Tiere zu herrschen und sie zu unterwerfen. Im oberen Abschnitt hieß es noch, über die Tiere zu „walten", was großzügiger und freier in meinen Ohren klingt. Aber ich bin überzeugt, mein Herr und Gott, dass Du mit „herrschen" und „unterwerfen" nicht gemeint hast, dass wir die Tiere wie totes Fleisch behandeln sollen, ohne Achtung vor ihnen und nur nach dem Marktwert beurteilt, oder einfach zum Ausrotten freigegeben.

Untertanen kann ein König weise und fürsorglich behandeln, oder grausam und sogar tödlich. Vielleicht war diese zweite Möglichkeit zu den Zeiten, als der Schreiber den Schöpfungsbericht niederschrieb einfach nicht denkbar. Die Menschen brauchten ihr Vieh, um selbst leben zu können, und sie dürften es deshalb auch fürsorglich behandelt haben, lebten mit ihm zusammen und sorgten für die Tiere.

Auffallend ist, dass die Tiere nicht als Nahrung genannt werden. Vielleicht war dies damals selbstverständlich, oder ist es denkbar, dass es von Dir, oh Gott, nicht so vorgesehen war? Ein Verbot, Tiere zu essen, hast Du hier nicht ausdrücklich ausgesprochen.

Die Nahrungspflanzen teilst Du wieder ein in diejenigen, die zum Getreide gehören, und diejenigen, die Obstfrüchte ausbilden. Offen bleibt, ob nur Samen und Früchte der Nahrung dienen sollen, oder auch das Kraut und die Wurzeln – doch ist der Schöpfungs-Bericht ja nicht dazu da, alles ins Kleinste zu regeln. Aufgezeigt wird hier jedoch, dass sowohl die Tiere als auch die Pflanzen sich in Deiner

Schöpfung, oh Herr, in vielen unterschiedlichen Arten zeigen, ohne dass einzelne Arten aufgezählt werden müssen.

Allen Tieren der Erde, allen Vögeln des Himmels und allem, was auf der Erde kriecht, das Lebensatem in sich hat, gebe ich alles grüne Gewächs zur Nahrung. Und so geschah es.

Genesis 1,30 – Tieren dienen Pflanzen als Nahrung

Nachdem den Menschen ihre Ernährung zugeordnet worden war, bekommen nun die Tiere von Dir, oh Herr, ihre Nahrung zugeteilt. Interessant finde ich, dass für die Tiere des Wassers keine Nahrung genannt wurde. Möglicherweise war nicht bekannt, wovon sich Wasser- und Meerestiere genau ernähren.

Und auffallend ist auch, dass weder Tiere noch Menschen Beutetiere oder Haustiere zur Nahrung zugeteilt bekommen. Vielleicht, mein Herr und Gott, liegt es daran, dass hier von paradiesischen Zeiten die Rede ist, auch wenn das Paradies erst im nächsten, zweiten Teil der Genesis (2,4-3,24), im Zusammenhang mit dem Sündenfall der Menschen, erwähnt wird. Diese zweite Schöpfungsgeschichte ist viel „irdischer", beschreibt die Schöpfung vor allem auf den Menschen ausgerichtet, der den Tieren auch Namen gibt (dieser Bericht, der auch vom Sündenfall und von Erkenntnis von Gut und Böse spricht, dieser Bericht wird im 4. Band der Reihe „Wunder der Schöpfung", dem Band über den Geist, näher betrachtet werden). Im Paradies leben ja nach alter Vorstellung alle Tiere und die Menschen friedlich miteinander, kein Tier oder Mensch muss sich vor dem anderen fürchten. Daher können in der paradiesischen Anfangszeit nach dieser Vorstellung auch keine Tiere getötet und verzehrt werden.

Vielleicht stellt diese paradiesische Welt schon eine Ahnung der jenseitigen Welt, eine Ahnung vom Ewigen Leben dar, die eigentlich zur Zeit der Genesis noch nicht ausgeprägt war.

Gott sah alles an, was er gemacht hatte: Und siehe, es wurde Morgen: der sechste Tag. So wurden Himmel und Erde und ihr ganzes Heer vollendet.

Und wieder blickst Du, oh mein Schöpfer, auf Dein Werk. Doch es scheint nicht mehr nötig zu sein, dass Du es extra für gut befindest. Und nun ist das Werk vollendet, das Werk der Schöpfung. Der Fortgang des Daseins, das Du ins Sein gehoben hast, der natürlich, schreitet fort und fort und wir mitten drin und Du uns nahe.

So wurden Himmel und Erde und ihr ganzes Heer vollendet. Am siebten Tag vollendete Gott das Werk, das er gemacht hatte, und er ruhte am siebten Tag, nachdem er sein ganzes Werk gemacht hatte. Und Gott segnete den siebten Tag und heiligte ihn; denn an ihm ruhte Gott, nachdem er das ganze Werk erschaffen hatte.

Genesis 2,1-3 – Gott ruht am siebten Tag und heiligt ihn

Vollendet wurden "*Himmel und Erde und ihr ganzes Heer*": Heer ist wohl nicht kriegerisch gemeint, sondern als riesige, nahezu unüberschaubare Fülle, denn zu früheren Zeiten dürften Heere die größten Menschenansammlungen gewesen sein, die man gesehen hatte, und daher kann „Heer" hier für Fülle stehen.
Und wie schön klingt der Schöpfungs-Bericht hier aus. Zufriedenheit und Ruhe strahlen diese Worte aus. Und dieser Tag der Ruhe, der wird von Dir, oh Schöpfer der Welt, eigens gesegnet und geheiligt.
Lässt sich hier schon der Weg des Menschen in seinem Lebenslauf ahnen: auch der Mensch schafft und erschafft vieles nach seiner Geburt, bis er es an die nächste Generation weiter geben muss. Doch wenn er eintritt in den Tod, dann hat alles Sorgen und Schaffen und Mühen ein Ende, dann ist das Werk seines eigenen Lebens vollendet. Wenn dieses menschliche Werk im Großen und Ganzen gut war, dann wird ihm die Ruhe im Himmel gewährt, wo er fortan bei Gott und in Heiligkeit wohnt und ewige Glückseligkeit erfährt.

Genesis: Beschreibung des Lebens in treffenden Worten

Oh Herr und Gott, Dein Schreiber beschreibt in der Genesis die Eigentümlichkeiten und das Wunderbare des Lebens in ganz wenigen Worten. So werden nicht einzelne Pflanzen- und Tierarten aufgezählt, sondern große Gruppen. Immer wieder wird das elementar Gemeinsame des Lebens genannt, keine unwichtigeren Einzelheiten. Diese elementaren Eigenschaften aber werden teilweise wiederholt, da sie wichtig und grundlegend sind – auch bis heute.

Pflanzen (*Genesis 1,11-12, 29-30*):
„Die Erde lasse junges Grün sprießen": Die Erde ist Nahrung und Halt für die Wurzeln, Grün ist wichtig für die Fotosynthese, Pflanzen sind nicht einfach da, sie wachsen, sie haben einen Lebenszyklus, sie sprießen. *„Gewächs, das Samen bildet, Fruchtbäume, die nach ihrer Art Früchte tragen mit Samen darin...*" Samen bedeutet Vermehrung, Ausbreitung, es gibt Pflanzen nur mit Samen und Pflanzen, vor allem Bäume, mit umhüllenden Früchten, die Ordnung der Pflanzen wird hier angedeutet. Die Vermehrung und Ausbreitung, so hast Du, oh Herr, es in Deiner Schöpfung verfügt, ist für das Leben im Gegensatz zu nicht lebendiger Materie ganz grundsätzlich. *„Gewächs, das Samen bildet nach seiner Art"* hier wird deutlich, dass es viele Arten gibt, und dass sie sich unterscheiden. Und es klingt hier auch schon an, dass die Samen die Anleitung enthalten, wie sich neue aus dem Samen keimende Pflanzen entwickeln werden.

Tiere (*Genesis 20-25, 24-28, 30*):
„Das Wasser wimmle von Schwärmen lebendiger Wesen..." Wie geschickt deuten hier die Worte, „wimmeln" und „Schwärme" Deines Schreibers, oh Herr, an, dass es ganz viele Lebewesen sind, dass sie sehr beweglich sind, dass sie Gemeinschaften bilden. Indem dann noch die Vögel, die am Himmelsgewölbe fliegen sollen und Tiere der Erde genannt werden, werden große Gruppen der Tierarten benannt, alle nach *„ihrer Art"*. Die Vielseitigkeit der Lebensentfaltung wird deutlich. *„... Lebewesen, die sich fortbewegen nach ihrer Art"* Leben hat anders als tote Materie die Fähigkeit, sich willentlich fortzubewegen. Dazu haben sich unterschiedlichste Fortbewegungsarten herausgebildet. Diese Schöpfungs-Vielfältigkeit, oh Herr, die hat auch Dein Schreiber erkannt. Bedeutsam, oh Herr, finde ich auch, dass es heißt: allem *„das Lebensatem in sich hat, gebe ich alles grüne Gewächs zu Nahrung"* - wurde hier viel-

leicht schon geahnt, wie grundlegend der Unterschied zwischen Leben mit Fotosynthese und der Lebensenergie durch Atmen ist, und wie wechselseitig aufeinander angewiesen sie sind? *„Seid fruchtbar und mehret euch"* hier wird, wie bei den Pflanzen mit den Samen, die Fruchtbarkeit und die daraus sich ermöglichende Vermehrung betont. Dies ist ja eine Fähigkeit lebendiger Wesen, die auch von der Biologie hervorgehoben wird. Es ist die wunderbare Fähigkeit, durch den Akt der Fruchtbarkeit, neue eigenständige Lebewesen, der vorherigen Generation in ihrer Art ähnlich, hervorzubringen. *„Füllt das Wasser der Meere und die Vögel sollen sich auf Erden vermehren"* und *„Die Erde bringe Lebewesen aller Art hervor"* Scheint hier, oh Gott und Schöpfer unserer Welt, schon der ökologisch-evolutionäre Weg durch, in dem freie Räume vom Leben verschiedenster Gestalt nach und nach erfüllt werden? Für mich jedenfalls hört sich das so an. *„zur Nahrung dienen"* Sowohl den Tieren als auch den Menschen wird Nahrung zugedacht. Nahrung sein ist hier auch „dienen", das weist auf einen gemeinsamen Sinn im Dasein hin. Alle ernähren sich letztlich von den Pflanzen, die die körperliche Energie zum Leben von der Sonne erhalten und in Zucker umwandeln. Vermutlich ist hier bewusst noch ein paradiesischer Zustand beschrieben, ohne Raubtiere und Töten – und doch entspricht es letzten Endes auch der Wahrheit hier auf unserer nicht-paradiesischen Erde: ohne Pflanzen gäbe es tatsächlich keine Tiere, keine Raubtiere und keine Menschen. Selbst wenn wir Fleisch essen, erhalten wir die Sonnenenergie von Pflanzen, die von Tieren gefressen wurden. Die Pflanzen sind die Ur-Nahrung.

Menschen (*Genesis 1,26-29*):
„...uns ähnlich. Sie sollen walten über.... füllt die Erde und unterwerft sie euch und herrscht über..." Der Mensch, oh Herr und Gott, ist Dir ähnlich, in der Fähigkeit, die Umwelt zu gestalten, Vorstellungen zu entwickeln und sie ohne oder mit Werkzeugen umzusetzen. Und während Du, oh Gott, aus dem Nichts die Welt erschaffen hast, können wir Menschen mit dem, was Du uns in der Welt und in den Naturgesetzen zur Verfügung gestellt hast, ebenfalls Neues – wenn auch nicht gänzlich Neues und nicht „aus den Gesetzen der Welt Gefallenes" - können wir Neues hervorbringen. Doch das Über- und Unterordnen ist überall, wo Leben ist, wichtig: unser Geist und unser Gehirn sind unserem Körper übergeordnet und ordnen seine Funktionen, aber auch in den Zellen waltet

Über- und Unterordnung und Organisation. Dieses Prinzip ist allgegenwärtig, dort, wo Leben ist und sogar in den Naturgesetzen, indem die größere Kraft über die kleinere bestimmt, der größere Raum den kleineren enthält, die Ewigkeit den begrenzten Zeitraum. Bei uns Menschen – und vielleicht ein wenig auch bei höheren Tieren – ist die Über- und Unterordnung zusätzlich mit geistigen Fähigkeiten verbunden, mit Erkennen und Vorstellungskraft.

„Männlich und weiblich erschuf er sie" Die meisten Lebewesen, und alle höheren Lebensformen teilen sich auf in männliche und weibliche Wesen. Wie wunderbar, oh Herr und Schöpfer, ist doch diese Aufteilung, und die von Dir damit verbundene Notwendigkeit der Vereinigung der Keime für die Entstehung eines neuen, jungen Wesens. Dadurch mischen sich im neuen Leben zwei Lebewesen, die sich *„nach ihrer Art"* ähnlich sind, aber doch jedes Wesen ein wenig verschieden vom anderen, nicht verschieden nach seiner Art, aber nach seiner Individualität. Und so ist die Entstehung neuen, jungen Lebens nicht wie die Herstellung moderner Massentechnik: ein Stück dem anderen so ähnlich wie nur möglich – sondern, oh Herr und Gott, Du hast es so eingerichtet, dass jedes neue Leben sich ein wenig vom Wesen der Eltern unterscheidet. So ist jedes Lebewesen einmalig. Und indem nicht zwei gleiche Wesen sich verbinden, sondern ein männliches mit einem weiblichen, eröffnet sich auch die Möglichkeit der Verteilung von Aufgaben. Gegensätzliches kann so in einer Familie verwirklicht werden. Ein Beispiel für viele, oft sehr unterschiedliche Aufteilungen: ein weiblicher Vogel legt die Eier und bebrütet sie, während der männliche Vogel für Nahrung für sie beide sorgt. So entsteht aus der gegensätzlichen Gemeinsamkeit und dem neu geborenen Leben die Gemeinschaft.

Vergänglichkeit:
Eines fehlt in der Beschreibung des Lebens in der Genesis: die Vergänglichkeit. Ich vermute, das liegt daran, dass es sich noch um einen paradiesischen Zustand handeln soll, bevor der Mensch nach dem Sündenfall das Paradies verlassen musste. Ist dieser paradiesische Zustand noch ein Zustand der Endlosigkeit? Nicht nur der Endlosigkeit des Lebens, also der Zeit für ein Lebewesen, sondern auch des Raumes? Denn dort, wo sich alles Leben fleißig vermehrt, oh Herr, da wird es auf einem kleinen Planeten irgendwann einmal eng, wenn es keine Vergänglichkeit, kein Sterben gibt. So

ist auch die Vergänglichkeit des Lebens in einer begrenzten Welt sehr weise und sinnvoll.

Dein Schöpfungs-Werk, oh Herr und All-Meister des Daseins, und der Bericht Deines Schreibers darüber, die Genesis, sind wundervoll und und an allen Ecken und Enden und auch mittendrin staunenswert und erfüllen mich mit Dankbarkeit und Demut.

Zum Wundern – Kleine Bemerkungen

Bemerkungen, oh Herr, zu Beobachtungen, die vermutlich physikalisch erklärbar sind, mich aber dennoch staunen lassen über Deine Schöpfung.

Licht und Richtung
Wieso weiß der Lichtstrahl, in welche Richtung er strahlen muss, damit sich die Strahlen exakt gleichmäßig verteilen?

Mischvorgang
Warum lässt sich vieles schnell perfekt mischen? Kaum rühren wir verschiedene Pulver oder Flüssigkeiten mit ähnlichen Eigenschaften kurz um, so vermischen sie sich nahezu perfekt.

Was ist Chaos und was ist Ordnung?
Chaos kann geordnet sein, chaotischer Fall der Schneeflocken führt zu gleichmäßiger Verteilung und einer glatten Schneedecke. Ein aufgeräumtes Zimmer ist ordentlich für den Bewohner, für einen Alien mag die aufgeräumte Verteilung chaotisch wirken.

Durchdringung? Der Stein und der Boden
Wieso sinkt ein Stein nicht durch den Boden? Atome und Molekülen haben in ihrem Inneren riesige Freiräume. Warum gleitet ein Stein mit seinen Freiräumen nicht durch die Freiräume der Boden-Atome? Es muss immer die richtigen Abstoßungskräfte geben, die aber eine Verbindung auch nicht gänzlich ausschließen.

Umlaufbahnen
Wieso kreisen Elektronen um einen Atomkern, Planeten um eine Sonne, die Spiralen einer Galaxie um ein schwarzes Loch? Wie

wird von selbst das Gleichgewicht (z.B. zwischen Gravitation und Fliehkraft) hergestellt, so dass sie nicht davon fliegen oder ins Zentrum fallen? Wir werden an unserem Ort gehalten von der Schwerkraft der Erde, von der Sonne, der Milchstraße und auch ein wenig von ferneren Galaxien.

Natur: Vielfalt in jedem Einzelnen, die funktioniert
Wie kann die Natur bei all der Vielfalt funktionieren?
In der Natur ist alles vielfältig, z.B. jedes einzelne Blatt einer gleichen Baumart auf Erden ist ein wenig anders gestaltet. Ob es auf Atom-Ebene, im Mikrokosmos auch so ist, nur dass wir die kleinsten Abweichungen nicht erkennen? Menschliche Technik ist „einfältiger", sie produziert das Gleiche möglichst haargenau gleich, sonst ist die Gefahr, dass es nicht funktioniert. Aber die Schöpfung ist vielfältig auf unvorstellbare Weise, und doch läuft alles wunderbar seinen Gang.

Meine Dankbarkeit für Deine Schöpfung, oh Gott, ist groß, und doch viel zu klein, um Dein Werk wirklich würdigen zu können. Danke.

Das Wunder der vereinten Gegensätze

Eigenwillige Gedanken zur Schöpfung

Wunderbar, oh Herr und Gott, hast Du es verstanden, in Deiner Schöpfung Eigenschaften und ihre Gegensätze hervorzubringen:

Leerheit und feste Fülle
Offenen Raum und begrenzten Raum
Offene Zeit und begrenzte Zeiträume
Ausdehnung und Begrenzung
Enger begrenzte Erscheinungen in einem weiter begrenzten Umfeld
Anziehung und Abstoßung – gegeneinander wirkende Kräfte
Entstehen und Vergänglichkeit und Neuwerdung
Wandel und Stabilität
Ordnung und Chaos
Freiheit und Gebundensein

Männlich und weiblich
Wollen und sich fügen
Ich-Bewusstsein und öffnende Liebe
Schuld und Vergebung
Tod und ewiges Leben
Und Du, oh Herr und Gott, bist nicht sichtbar und nicht begreifbar
für uns, und doch nahe, sogar in uns und in allem, was ist.

Und all dies und noch mehr hast Du trotz oder gerade wegen der
Gegensätzlichkeit miteinander verknüpft, so dass daraus unsere
vielfältige Welt hervorgehen konnte.
Hast Du nur den Anfang geschaffen und schaust jetzt nur noch zu?
Ich glaube das nicht, ich spüre Deine Gegenwart, und ich glaube
daran, dass Du auch diesen Gegensatz vollendet hast:
Du steuerst die Welt mit den zuverlässigen Naturgesetzen, die Du
eingesetzt hast. Doch diesen zwingenden und stützenden Gesetzen
hast Du die Freiheit des Werdens der Natur und die Freiheit des
Geistes gegenübergestellt. Und wir, als Lebewesen verbinden beides auch in unserem Geist: wir folgen den natürlichen Notwendig-
keiten, wir entwickeln uns und handeln durch die vielfältigen Ein-
flüsse, die auf uns einwirken, oft vorhersagbar. Aber wir haben
auch eine innere Freiheit, die uns selbst entscheiden lässt, welchen
Weg wir wählen. Ist das nicht erstaunlich?
Und ist es dabei noch möglich, dass Du die Welt in Deiner Hand
hältst und sie lenkst?
Ich glaube auch, dass Du, mein Herr und mein Gott, dieses Wunder vollbringen kannst. Die Naturgesetze sind Dein, Du könntest
sie ändern. Aber ich vermute, Du hast in der Natur auch Bereiche
offen gelassen, Bereiche der Einmaligkeit, in denen es Freiheiten
gibt, so dass Du unbemerkt im Geschehen mitwirken kannst. Wir
nennen das dann merkwürdige, ungewöhnliche Zufälle, wenn wir
es überhaupt bemerken. Vielleicht geschieht es ganz oft, aber wir
sind so sehr mit unseren alltäglichen Aufgaben beschäftigt, dass
Du ganz unauffällig wirken kannst.
Auch glaube ich, dass Du, mein Gott, dort, wo sich Menschen zu
Dir hin öffnen, Du mit ihrem Geist dergestalt in Verbindung treten
kannst, und sie berührst, so dass sie besser erkennen, was sie im
Innersten wollen und freiwillig andere Wege gehen, als wenn Du
ihnen ferne geblieben wärest. Du zwingst niemanden Deine weise
liebevolle Weitsicht auf, aber wer an ihr teilhaben will, den wirst

Du nicht alleine lassen.

Mein Herr und mein Gott, demütig stehe ich vor Dir. Ich weiß, ich kann meinen Weg frei gehen, aber ich habe erfahren, wenn ich mich zu Dir hin öffne, dann wähle ich den besseren Weg. Ich danke Dir aus ganzem Herzen, für Deine Gegenwart, für Deine Schöpfung und für das Leben, hier und jetzt und dereinst, so hoffe ich, bei Dir.

Gibt es denn diesen Schöpfergott überhaupt wirklich?

In unserer heute so wissenschaftlich geprägten Welt, in der so manchem nur das als glaubwürdig gilt, was evidenzbasiert und wiederholbar überprüft wurde, da hat es der Glaube an einen Schöpfergott, an Dich, oh Gott, schwer.
Du bist als Schöpfergott grundsätzlich nicht wissenschaftlich beweisbar. Dein Geist, Deine Weisheit, Deine schöpferische Macht, Deine Weite, Deine zeitliche und räumliche Ungebundenheit, sie übersteigen alles Innerweltliche. Wissenschaft kann aber nur Methoden entwickeln, die den Gesetzen unserer Welt gehorchen, sie kann experimentell oder in Dokumenten forschend nur nachweisen, was innerweltlich ist. Daher ist Wissenschaft nicht in der Lage, die Frage, ob es Dich, oh Herr und Gott gibt, mit „Ja" oder „Nein" zu beantworten. Sie hat keine Maßstäbe dafür.
Es hat ja einen tiefen Grund, mein Gott, dass in der christlichen Religion von „Glauben" gesprochen wird und nicht von „Wissen".
Deshalb muss sich der Gläubige auch die bohrende Frage gefallen lassen: ist die Religion nicht nur entstanden aus einem Wunschtraum, aus Furcht vor dem Tode, aus dem Gefühl, im Universum hilflos dazustehen, oder in einer sinnlosen Welt zu leben?

Doch sind Erklärungen der Entstehung der Welt aus dem Zufall oder aus Selbst-Zeugung und Selbst-Optimierung der Welt die

Lösung?

Auch derjenige, der solchen Erklärungen vertraut, muss sich zweifelnde Fragen gefallen lassen.

Er kann, mein Gott, glauben an die Entstehung der Welt aus einem Zufall: aus einem einzelnen Zufall aus Myriaden von möglichen Zufällen, einem zwar sehr sehr unwahrscheinlichen aber irgendwann doch möglichen Zufall, wenn man nur lange genug wartet. Oder er kann die Vorstellung vertreten, es existieren alle möglichen Möglichkeiten parallel. Bei solchen Überzeugungen: wie will er dann mit diesem Weltbild die folgenden Fragen beantworten: woher kommen die Möglichkeiten, woher überhaupt das Dasein, woher Raum und Zeit und woher die Naturgesetze, denen sie folgen? Allerdings ist eine unbeantwortete Frage noch kein Nachweis für eine unzureichende Theorie, es bedeutet nur, dass die Theorie nicht alles erklären kann, dass sie an eine Grenze der Erklärbarkeit stößt, dass die Antwort außerhalb der innerweltlichen Beweisbarkeit liegt.

Im übrigen hat Wissenschaftliche Beweisbarkeit auch mit allem Einmaligen – sei es elementar körperlich oder geistig – Probleme, da hierbei keine Wiederholbarkeit möglich ist. Es ist denkbar, dass Du, oh Herr, die Welt durch einmalige kleine und große, aber erst mal unauffällige Ereignisse lenkst, ohne dass wir es wissen oder nachweisen können.

Aber noch eine weitere Frage muss sich derjenige gefallen lassen, der sich an einem solchen wissenschaftlichen Weltbild ohne Schöpfergott festhält, und Deine Existenz, oh Gott, nicht als mögliche Wahrheit zumindest offen lässt: es ist die spiegelbildliche Frage zu der oben genannten psychologischen Frage an die Gläubigen, ob ihr Glauben nicht nur Illusion ist:

Ist es möglicherweise ein Schaudern und ein furchtsames Unbehagen, das bei demjenigen hoch kommt, der die Vorstellung ablehnt, es gäbe Dich, oh Gott, als allmächtigen Herrscher über unsere Welt? Vielleicht sitzt das Schaudern so tief, so dass er die Vorstellung von Dir nicht ertragen kann, und er lieber sachlich kalte Erklärungen bevorzugt?

Verständlich wäre es, denn die Kirchen haben allzu lange es verstanden, Drohungen mit Gottes-Strafen und mit der Hölle für ihre eigennützigen Belange einzusetzen.

Allerdings hat das gläubige Volk die Kirchen dabei oftmals unterstützt, einmal, weil sie oft selbst jemandem, der aus dem üblichen Rahmen fällt, Böses wünschten. Oder aber es gibt noch einen weiteren Grund: denn ein Priester ist den Menschen oft scheinbar näher, als Du, oh unfassbarer Herr und Gott. So haben die Gläubigen den Priestern oft fast göttliche Macht zugeschrieben und haben ihnen alle Glaubensfragen überlassen. Viele hatten auch schlichtweg keine Zeit, sich mit theologischen Fragen auseinander zu setzen.

Und auch nicht alle Priester standen Dir, oh Gott, nahe genug, um selbst zu spüren, was Du von den Menschen erwartest, und wo es sich stattdessen um überzogene, zu strenge innerkirchliche Forderungen handelte. So waren manche lieber zu streng, als sich der Nachlässigkeit schuldig zu machen.

Doch diese enge Strenge hat dem Glauben vieler Menschen über lange Zeiträume sehr geschadet. Denn Glauben lebt vom Vertrauen, vom sich Öffnen auf Dich hin, mein Gott.

So kann sowohl der Glauben als auch der Unglauben aus tiefen Ängsten entstehen. Doch während der Unglaube in Not, bei nahendem Tode oder bei grundlegenden Sinnfragen oft nur ein Gefühl von Einsamkeit und toter Leere und Sinnlosigkeit erzeugt, haben Gläubige seit Jahrtausenden und überall auf unserer Erde wiederholt die Erfahrung gemacht, dass Du ihnen, oh Herr und Beschützer, tatsächlichen Trost schenken kannst und Halt gibst.

Diese Erfahrung dürfte derjenige oft nur ahnen, der sich aus der Diskussion über den Glauben heraushält und sagt: „Wovon man nicht sprechen kann, darüber muss man schweigen", so wie es der Philosoph Ludwig Wittgenstein geschrieben hat.

Allerdings kann das meditative Schweigen auch zur Erleuchtung führen, wie der Buddhismus seit Jahrtausenden lehrt. Und auf diesem Wege wird die wissenschaftliche Beweisbarkeit wieder verlassen, aber der Erleuchtete hat Erfahrungen gemacht, die ihn weit über das wissenschaftlich Beweisbare verändert in der Welt sein lassen. Und es gibt inzwischen offen eingestellte Priester, die sehr unterschiedliche Wege zu Dir, oh Gott, anerkennen, auch den buddhistischen. Ob dies allerdings der offiziellen Lehre der Kirche entspricht, dazu bin ich theologisch zu ungebildet. Ich selbst jedoch glaube, dass Du, oh Herr und Gott, in verschiedenen Menschen ganz verschieden anwesend sein kannst, dass Du ihren Geist auf ganz unterschiedliche Weise berühren kannst.

Und indem Du, mein Gott, uns keine eindeutigen wissenschaftlichen Beweise und Belege zu Deiner Existenz lieferst, dadurch hältst Du die Wege der Menschen zu Dir weit offen, legst sie nicht eng fest und versteinerst sie nicht, sondern hältst sie lebendig und einladend weit offen.

Aber wir müssen für diese Freiheit und Offenheit auf die Eindeutigkeit wissenschaftlicher Ergebnisse verzichten, aber wir können entscheiden: lassen wir uns auf Dich ein, auf welchem Wege und unter welchem Namen für Dich auch immer, oder verneinen wir Dich aktiv und grundsätzlich. Für mich jedenfalls, mein Herr und mein Gott, wäre die Welt ohne meinen Glauben, ohne mein Vertrauen in Dich, armselig, leer und sinnlos. Du bist mein Ur-Grund, Du bist mein Halt, und Du bist die Liebe, die mich vor allem anderen trägt.

Doch woher will ich wissen, dass Du, mein Gott, mich und Deine ganze Schöpfung liebst?

Auch das kann ich nicht wissen. Aber ich kann es spüren, wenn ich mich zu Dir hin öffne.

Und ich kann die Frage stellen: Was ist wahrscheinlicher: dass ein Schöpfergott seine Schöpfung liebt, oder dass er sie geschaffen hat, dann aber ihr gleichgültig gegenüber steht. Mir erscheint es viel wahrscheinlicher, dass Du, oh Gott, Deine Schöpfung liebst und auf sie schaust. Denn Du bist zu weise in den Werken Deiner Schöpfung, als dass ich glauben könnte, sie wäre ein gleichgültiger Versuch, der jetzt von Dir vergessen ist, oder sich selbst überlassen. Auch kann ich nicht glauben, dass ein Schöpfer, der die Macht und die Weisheit hat, eine Welt zu erschaffen, in der es Gefühle und Liebe gibt, dass ein solcher Schöpfergeist selbst keine Gefühle und keine Liebe kennen sollte. Denn Du, oh Herr, bist größer als alles auf der Welt. Und daher glaube ich auch, dass Du Deine Schöpfung liebst, in all ihren Teilen und mit allen Menschen und Wesen und Dingen.

Wir haben die Freiheit, Dich abzulehnen, oder unseren ganz persönlichen Weg zu Dir zu suchen. Doch es fällt leichter, sich auf Dich hin zu öffnen, wenn wir uns dem langen Wissen der Kirchen anvertrauen. Es gab viele Irrwege in allen Religionen, aber sie haben auch einen Schatz gesammelt an tiefgründigem Wissen und vor allem an Erfahrung mit dem Unbegreiflichen, dem Höheren, dem, was wir nur mehr mit Bildern in Worte fassen können, aber was unser Innerstes bewegt und verändert. Und es ist gut, dies nicht alleine zu erfahren, sondern diese Erfahrungen mit anderen Menschen gemeinsam zu erleben. Denn Du, oh Herr, bist die Liebe, bist die Verbindung allen Daseins und aller Menschen untereinander und mit Dir.

Und nur, weil ich Deine Liebe, mein Herr und mein Gott, fühlen darf, habe ich den Mut, mich Dir zu öffnen. Ohne Deine Liebe würde ich mich zu sehr vor der Vorstellung von Dir fürchten, zu schrecklich erschiene mir dann Deine Macht und Allgegenwart. So danke ich Dir in Demut, dass Du mich Deine Liebe immer wieder neu fühlen lässt, und ich mich Dir vertrauensvoll öffnen kann..

Amen.

Liebe und Achtung für die Schöpfung

Deine Schöpfungs-Geschichte, oh mein Herr und mein Gott, ist wunderbar. Sie zeugt von Deiner ungeheuren Macht, alles zu wirken, was Du für gut befindest. Gewaltig ist das Werk, das aus Deinem Munde, nach Deinem Worte, entstanden ist. Und doch ist Dein Schöpfungswerk sorgfältig, ja fast zärtlich und auf jeden Fall liebevoll. Herr und Gott, lass auch in uns die Liebe zur Schöpfung und zu Deinen Geschöpfen wieder neu und stärker erblühen, damit wir sie nicht mit Füssen treten, indem wir sie als Investitionsgüter und Produktionsfaktoren unter dem Gesichtspunkt von Gewinn und Verlust „produzieren" oder auch vernichten, wo sie den Gewinn schmälern. Und lass uns in unserer Nahrung auch wieder die Wesen Deiner Schöpfung wahrnehmen, Pflanzen wie Tiere, und nicht nur möglichst billige Konsumgüter mit Haltbarkeitsdatum,

Kohlehydraten, Fett und Eiweiß, Konsumgüter, die irgendwie auf irgendwelchen Wegen in den Supermarkt kommen und dort möglichst immer angeboten werden sollen.

Lass uns teilhaben an Deiner Liebe zur Schöpfung und lass auch in uns diese Liebe aufblühen. Erwecke in uns neu die Schöpfungs-Liebe und zeige uns, wie wir Wege finden, um zu einer Wirtschaft und zu einem Bewusstsein zu finden, die uns helfen uns zwar weiterhin von Deiner lebendigen Schöpfung zu ernähren, aber gleichzeitig diese liebevoll zu achten und würdevoll zu behandeln. Dieser Weg wird nicht einfach sein. Wenn wir Veränderungen „übers Knie brechen", dann kann es zu Chaos, Armut, Hunger, Verzweiflung, Zerstörung und Kriegen kommen. Darum bitte ich: gieße in unseren Geist ein wenig von Deiner Weisheit, damit wir mit Geduld aber entschlossen, mit Klugheit aber fürsorglich, unser Leben und unsere Wirtschaft so verändern, dass wir unsere Mitwelt, über die wir walten sollen, auch liebevoll behüten und schätzen können.

Nur wenn wir Deine ganze Schöpfung lieben und achten, werden wir auch uns selbst lieben und achten können.

Ohne Deine Hilfe, oh mein Herr und Gott, wird es uns nicht mehr gelingen, zu tief sind alle Verschlingungen und Verwicklungen, zu spezialisiert vieles Wissen, zu unüberschaubar all die neuen Vorgänge, die wir Menschen in Gang gesetzt haben.

Ich bitte Dich, mein Herr und mein Gott, steh uns bei und verlasse uns nicht. Erbarme Dich unserer hochmütigen Menschheit, siehe ihre guten Seiten und hilf uns den rechten Weg für einen liebenden Umgang mit Deiner Schöpfung zu erkennen und zu gehen, nicht überstürzt aber angemessen. Lass uns rechtzeitig herausfinden, was not tut. Auch wenn es derzeit nicht leicht zu sehen ist: wir Menschen lieben Deine Schöpfung, nur wissen wir oft nicht den richtigen Weg, mit ihr umzugehen mit all unserer Macht, die wir inzwischen haben. Wir wollen Deine Schöpfung und damit uns selbst nicht zerstören. Bitte, steh uns bei, damit wir nicht an unserem Eigensinn zugrunde gehen, steh uns bei mit Deiner Barmherzigkeit, Deiner Weisheit und Deiner Macht.

Ich danke Dir, für alles was ist, und wie es ist, und für alles, was von Dir kommen wird.

Amen.